MAÑANA VIVIRÉ

ELIZABETH LIGORRÍA

MAÑANA VIVIRÉ

MEMORIAS DE MI LUCHA CONTRA EL CÁNCER

Planeta

Diseño de portada: Virgilio Millord
Fotografía de contraportada: Elizabeth Bianchi Toriello de
Ligorría
Fotografía de interiores: Elizabeth Bianchi Toriello de Ligorría

© 2010, Elizabeth Bianchi Toriello de Ligorría

Derechos reservados

© 2010, Editorial Planeta Mexicana, S.A. de C. V.
Bajo el sello editorial PLANETA M.R.
Avenida Presidente Masarik núm. 111, 2o. piso
Colonia Chapultepec Morales
C.P. 11570 México, D.F.
www.editorialplaneta.com.mx

Primera edición: junio de 2010
Primera reimpresión: noviembre de 2010
ISBN: 978-607-07-0439-0

Impreso en los talleres de Grafiscanner, S.A. de C.V.
Bolívar número 455, local 1, colonia Obrera, México, D.F.
Impreso y hecho en México – *Printed and made in Mexico*

Este libro está dedicado a los millones de mujeres que sufren y sufrirán el cáncer de seno, hasta que se logre prevenirlo o curarlo.

También lo dedico a mis padres y a mis cuatro amores: mi amado esposo, Julio, y mis tres maravillosos hijos, Alexandra, Vanessa y Julio Enrique.

Y, por supuesto, a mi oncóloga y amiga Alejandra Pérez.

Índice

PRÓLOGO

Réquiem por Elizabeth

H E LEÍDO ESTAS MEMORIAS EN medio de un estado que sólo puedo calificar como de conmovida admiración. La autora, humildemente, pero sin hacerles justicia, las llama "librito". Es mucho más que eso. Tan buena era Elizabeth, que se propuso convertir su dolor y su muerte inminente en una lección provechosa para otras mujeres afectadas de cáncer. La obra lleva, también, un abrazo final dedicado a todas las personas a las que amó. Las menciona por su nombre, dice por qué las distingue, les da un beso de despedida y las conforta.

Naturalmente, su afecto más cálido es el que tiene por Julio, su amoroso marido, y por sus tres hijos: Alexandra, Vanessa y Julito. Con todos ha compartido la vida y ahora le toca compartir la muerte, como si el dolor, repartido, tocara a menos. No hay nada de retórica en estas manifestaciones de cariño. Es una familia unida, realmente, por el amor. Se quieren, se ayudan, ríen y sufren juntos, como si tuvieran un solo corazón.

A los cuarenta y cuatro años de edad, unos competentes médicos de Miami le notificaron a Elizabeth que tenía un cáncer de pecho que le había hecho metástasis a los huesos. Las pruebas no dejaban espacio a la duda. En ese momento no se lo dijeron, porque resultaba muy duro, pero el pronóstico era terrible: le quedaban varias semanas de vida. Con suerte, con mucha suerte, escasos seis meses. Elizabeth consiguió vivir seis años. De eso trata este libro. De su batalla contra el cáncer.

Tal vez la enfermedad pudo haberse atajado a tiempo si los ginecólogos con los que había consultado mucho antes en su Guatemala natal hubieran sido menos negligentes y confiados. Ésa es la primera lección que se deriva de esta obra: ante la menor sospecha, hay que duplicar las pruebas y las consultas. La búsqueda de una segunda opinión, y aun de una tercera, es siempre aconsejable. La práctica médica suele ser inexacta. Todos los pacientes son diferentes. Las aproximaciones estadísticas nunca son concluyentes. Los análisis fallan, las radiografías a veces no son claras, quienes interpretan estas pruebas, como todos los técnicos, se equivocan, tienen días brillantes, mas también tienen días torpes.

Pero hay otras lecciones igualmente notables. Elizabeth tomó todas las avenidas. Primero, se puso en manos de médicos expertos que siguen los protocolos de la oncología convencional, la que recomiendan los grandes centros académicos y de investigación de Estados Unidos. Llevan muchos años luchando con la enfermedad. Descubro en su libro que ya en el siglo XIX un hospital de Nueva York se había especializado en cáncer.

El Anderson Center de la Universidad del Estado de Texas y el Memorial Sloan-Kettering Cancer Center de Nueva York (MSKCC) son los hospitales más afamados, acaso los mejores, pero el Baptist Hospital, el Jackson Memorial de Miami y el Memorial Breast Cancer Center de Hollywood (Florida) también cuentan con grandes especialistas. Dados los medios de intercambio de información actuales, los protocolos de trabajo son idénticos. Exceptuados los tratamientos experimentales, las terapias que se utilizan son muy similares.

Pero Elizabeth no excluyó las curaciones alternativas basadas en la alimentación adecuada y en la ingestión de ciertos zumos medicinales segregados por plantas tropicales. internet estaba llena de testimonios bien documentados sobre la conveniencia de los antioxidantes, el cartílago de tiburón y ciertas poderosas vitaminas. Alguna vez, tras una devastadora sesión de quimioterapia, apeló a los consejos de un médico venezolano, sobreviviente él mismo de cáncer, que la mantuvo saludable y feliz durante los siguientes dieciocho meses. ¿Era la "quimio" lo que le había devuelto la salud durante un tiempo relativamente extenso? ¿Eran las medicinas alternativas? ¿Era, tal vez, la combinación de ambas?

Elizabeth, de la mano de Julio, anduvo todos los caminos. El médico venezclano, el Dr. Luis Romero, graduado en Harvard, puso a su disposición todos sus conocimientos farmacológicos, y eran muchos, pero también le aportó consejos poco frecuentes: reír era importante. La risa se asocia a la felicidad y ambas se expresan por medio de neurotransmisores. Elizabeth, que era muy risueña y tenía un gran sentido del humor antes de enfermar, se esforzó aún más. Veía comedias, tomaba clases de baile, escuchaba música. Mozart también servía para curar el espíritu. Y por las noches, en Miami, veía el programa de Jaime Bayly, un amigo común dotado de una finísima ironía que le alegraba el corazón y le prolongaba la vida.

Pero había más: la medicina china y la hindú algo sabían de las enfermedades. La acupuntura no era una superchería. Las agujas calmaban el dolor. Miles de años de civilización no habían pasado en balde. Pero no sólo las agujas le devolvían la calma. Elizabeth descubrió que las oraciones tenían en ella un efecto benéfico. Cuando el dolor era intenso, rezar la ayudaba. La fe la confortaba. Elizabeth había sido siempre una fiel creyente en el catolicismo y estaba segura de que "su Virgencita" no la abandonaría. La visitó en Fátima, en Lourdes, en el santuario de Guadalupe en México. Hablaba con ella. Le pedía que la ayudara a vivir y, llegado el caso, a morir. Estaba segura de que la Virgen la escuchaba.

Sin embargo, en sus memorias deja ver que la medicina más poderosa era el amor de su familia. Julio, su marido, y sus tres hijos, se dedicaron a quererla y acompañarla intensamente. Al final, cuando ya presiente que todo está perdido, tiene una serena conversación con Julio y se despiden como lo que nunca dejaron de ser: una pareja intensamente enamorada. Le quedaban pocos días de vida y quiso pasarlos cerca del mar. Elizabeth amaba el mar. Como ambos eran católicos, no se dijeron adiós. Les bastaba un "hasta luego" lleno de esperanzas.

La muerte joven, a pesar de todo, tiene un aspecto positivo: el recuerdo queda anclado en un momento espléndido de la vida. Para quienes tuvimos el privilegio de conocerla, Elizabeth Bianchi de Ligorría será siempre bella, elegante, amable, risueña, inteligente. El tiempo no devastó su figura ni taló su simpatía. Ni siquiera el cáncer pudo acabar con su grata presencia. Pocas semanas antes de morir seguía siendo una persona extraordinariamente atractiva por dentro y por fuera. Su recuerdo me acompañará siempre. Yo también, y Linda, mi mujer, le estamos agradecidos. Nos enseñó mucho en su último abrazo.

CARLOS ALBERTO MONTANER
Madrid, septiembre de 2009

INTRODUCCIÓN Y AGRADECIMIENTOS

H E DECIDIDO ESCRIBIR ESTE LIBRO por varias razones. La primera, motivada por la necesidad de ayudar a comprender el sufrimiento del cáncer, de compartir mis experiencias y llevar alivio espiritual y consejos que ayuden a miles de mujeres que sufren o sufrirán cáncer de seno. Estoy muy impactada por los momentos tan difíciles que he visto pasar a decenas de mujeres en los hospitales y clínicas en donde he convivido estos cinco años. Me ha dolido mucho su soledad y su abandono, su tristeza, lo desamparadas que muchas de ellas quedan luego de que sus esposos y familias se enteran de que están afectadas por esta difícil enfermedad. Una enfermedad que tratada a tiempo y con rigor es probable superar, siempre y cuando la persona afectada tenga deseos de vivir, se ancle en su fe y esté acompañada de amor. Luego de todos estos años, he descubierto que si existe una palabra que es sinónimo de *cáncer*, esa es *soledad*, no porque la haya vivido, sino porque la he visto vivir a decenas de mujeres y esto es algo que debe comprenderse y debe terminar.

Es muy triste lo que se ve hoy en día, cuando familias enteras no quieren aceptar la realidad de que un importante miembro de ellas padece cáncer. Pareciera que asumen aquel refrán tan popular en mi país que dice "ojos que no ven, corazón que no siente". Estoy consciente del sufrimiento silencioso que produce el cáncer en miles de mujeres y quiero que este librito sea un grito en nombre de todas ellas, para que en la actualidad y en el futuro se genere la cultura del confort y la solidaridad con quien enferma de cáncer. Debemos recordar que hoy en día el cáncer ya no es sinónimo de muerte, porque 60 por ciento de los casos diagnosticados tienen curación.

En un libro sobre sobrevivencia de cáncer escrito por un famoso médico, él cita al novelista Stefan Zweig, quien en su obra *La impaciencia del corazón* dice que la compasión es el segundo latido del corazón y se pregunta a sí mismo: ¿es que estamos viviendo un mundo de corazones sin segundos latidos? Yo le respondo sí, sí, señor, en muchísimos casos, y eso tenemos que cambiarlo. Debemos ayudar a todos aquellos que, acompañados del miedo, la incertidumbre y el desamparo, están entre todos nosotros.

La segunda razón es, sin duda, ayudarme a mí misma entendiendo y haciendo entender que esta situación no es del todo un tema racional. Estoy convencida de que es un tema cuyo principal componente es emocional, lo que me lleva a decirles que no todo en la aproximación al proceso curativo de esta enfermedad es ciencia y tecnología. El manejo del cáncer debe ir más allá. Se debe reconocer que lo verdaderamente importante en este tema es el enfermo y no la enfermedad, y que siempre hay un antes y un después en la vida de una persona que padece o ha padecido cáncer. También estoy convencida de que la enfermedad tiene cura, pero en su solución deben converger múltiples condiciones, que van desde un diagnóstico temprano hasta un cambio en los hábitos de vida, como lo veremos a lo largo de este librito.

La tercera razón y no menos importante es el permanente estímulo que he recibido de mi esposo, el amor de mi vida, quien me ha motivado y explicado que el ejercicio de escribir una autobiografía y un relato de las experiencias de mi enfermedad y de partes de mi vida me serán de gran utilidad en el fortalecimiento de mi espíritu y que en mucho será una experiencia terapéutica para mi estado emocional. Estoy segura de que así será. Sin embargo, no he dejado de pensar en cómo voy a ser interpretada. Jamás querría que se pensara que he escrito esto como un acto de vanidad o soberbia... Quienes me conocen saben bien que jamás he sido portadora de esas características. No obstante, considero importante recrear pasajes de mi vida antes del cáncer para evidenciar el dramático cambio de vida que experimenta una persona diagnosticada con cáncer.

Además, créanme que el cáncer, si algo genera en quien lo padece es plena conciencia de lo pequeños que somos ante la majestad de Dios y también de lo efímeras que pueden ser nuestras vidas, lo que me lleva a concluir diciéndoles que hago esta contribución con gran humildad y con los propósitos antes enunciados. Pretendo que este aporte testimonial llegue a miles de mujeres y que ojalá les ayude. Quisiera hacer más por ellas y por mí misma, pero debo reconocer que no estoy en condiciones de hacer más.

Y, finalmente, porque el ciento por ciento de los ingresos que produzca este ejercicio, luego de cubrir sus costos, deseo donarlos a los centros de cáncer de seno del Memorial Cancer Institute y en especial para que esos fondos, si lográramos que fueran significativos, pudieran facilitar la atención de mujeres de América Latina que no tienen posibilidades de ser atendidas en sus países y que pudieran llegar a estos maravillosos centros a recibir sus terapias y adecuada atención. Sólo en el caso de mi país, Guatemala, excluiremos al Memorial Cancer Institute y lo sustituiremos para que se beneficie la Liga Contra el Cáncer de Guatemala, pidiéndoles que usen esos fondos —muchos o pocos— para ayudar a mujeres con cáncer de seno. Le he pedido a Julio, mi esposo, que se haga cargo de promover este librito. Nadie mejor que él para hacerlo.

Cuando esto escribo, se acerca el 2008, año en el cual cumpliré cincuenta años. Tengo la esperanza de cumplirlos, la ilusión de ver nietos y de verme vieja, pero por si Nuestro Señor decide lo contrario, deberé actuar con rapidez y serenidad para concluir este librito de anécdotas y consejos. En consecuencia, no deseo terminar esta introducción sin dejar plasmado mi agradecimiento y amor por todos aquellos que me han acompañado y apoyado.

En primer lugar, quiero agradecer a Dios Nuestro Señor, por haberme permitido vivir la vida que he vivido, por haber traído a mi vida, hace ya más de treinta años, a ese compañero maravilloso que ha sido mi esposo, Julio, un hombre leal, amoroso, solidario, un amigo, un novio eterno, un hombre muy especial, con quien procreé tres maravillosos hijos, dos mujercitas y un hombre.

Las niñas, Alexandra Mercedes, maravillosa e inteligente, profunda y sólida, y Ana Vanessa, la Beba, también una mujercita muy profunda, muy preclara en sus análisis de la vida y muy práctica, como su papá. De ambas me siento muy orgullosa, pues las dos se han convertido en damas ejemplares, y han sido un apoyo inimaginable en este difícil trayecto.

Luego un hijo varón, Julio Enrique, que resulta ser mi mejor amigo y yo de él. Es un joven increíble. No conozco hombre con humor más original. Es brillante, tiene el alma y el corazón dedicados a amar y ayudar, y le gusta soñar en grande, igual que su papá, va a llegar lejos y marcará a su generación. Todo este núcleo de cuatro personas a mi alrededor constituyen esa fuente inagotable de amor que nutre mi corazón y mi alma día a día, que me mantiene viva y por lo cual le agradezco a Dios y a ellos.

Quiero agradecer a mis papis. Saben que los amo y son fuente inagotable de amor para mí. Su sola presencia es siempre elemento de paz y sensación de seguridad; soy muy feliz teniéndolos tan cerca de mí, gracias, y a mi hermana Arleen, a quien he amado más de lo que ella sabe. Al Neco, mi cuñado, que siempre ha sido un ser muy especial y lleno de amor, y a mis sobrinos Prescott y Sharon, quienes saben bien que los quiero como si fueran mis hijos. Gracias, mi Prescott, por siempre aparecer de la nada con flores; a mi Sharon, que me dio ese sobrino divino que es un *marshmallow* que adoro. A todos gracias por el amor que me han prodigado.

A mi mejor amiga, Amy, mi linda suegra, por siempre estar a mi lado, tratarme como a una hija y hacer de mi vida un suceso de permanente alegría; a mi suegro, Julio Romeo. Sólo su nieto Julio III me hace reír más que usted. Gracias por siempre estar pendiente de nosotros. A mis dos hermanas, Karlis y la Tita, gracias por hacerme parte de su familia y hacerme sentir importante en sus vidas. Gracias a Rodrigo y Leonardo, concuñados amorosos, a mis sobrinitos Mercy, mi niña adorada, a mi "pan sin ingredientes" Alejandro, a Leonardito, a José Rodrigo y a Karla Andrea. Cada uno simboliza para mí amor, ternura, transparencia y belleza, y quiero que sepan que me han hecho sentir parte importante de sus vidas, por lo que estoy muy agradecida. Ojalá su tía Liz nunca los defraude, quiero ser para ustedes lo que ustedes quieran que yo sea.

Un beso fuerte a mi sobrina Michelle Melville de Anguiano y mis niños amados, Daniela y Gabriel (Dani y el Babriel).

Un agradecimiento especial a ese hijo adicional que Nuestro Señor me dio, Iván Illescas. Hijo, Ivancito, quiero que sepas que cuentas con todo mi amor y que bendigo el día que llegaste a la vida de mi Beba y aquí incluyo a mi consuegra, que es una gran mujer, a quien quiero y admiro mucho. Gracias, Antonieta, por haber creado en la viudez a esos tres maravillosos hijos que tienes y gracias por ser una consuegra bella.

Gracias a Jorge Luna, que ha traído felicidad a la vida de mi Alexandra y a quienes ya he dado mi bendición para su próximo matrimonio. Hazla feliz, Jorge, te llevas un tesoro.

Gracias mi tía Elsi, por siempre estar pendiente de mí. Gracias al tío Amador Carballido y la tía Nubia, amigos inolvidables, al tío Estuardo Ligorría por siempre estar disponible y acompañarnos desde el principio de este trayecto y darnos sabios consejos y auxilio con su gran criterio médico y de vida.

Gracias a mis bellos amigos y vecinos Bruce y Cherril Rubin. Han sido la elegancia del acompañamiento discreto y amoroso, los amo.

Gracias al médico venezolano Dr. Luis Romero, por haber puesto a mi disposición su sabiduría médica y farmacológica, así como su vasto conocimiento sobre las terapias alternativas que como sobreviviente de cáncer llegó a conocer profundamente y que no tuvo límite en compartirlas conmigo. Gracias mi negrito de Caripito. Y a nuestro amigo Raúl Diez Canseco, ex vicepresidente del Perú, por habernos presentado oportunamente con Luis.

Gracias a mis ángeles Ximena Cavallo y Marta Lucy Hernández, amigas y terapeutas. Su acompañamiento todos estos años ha hecho que el tránsito sea fácil; a la Dra. Joan Vandergreif, y mi querida amiga Donita Wiggins, quien me introdujo al scio (Scientific Consciousness Interface Operation system) en Dallas, Texas, pues sus terapias me han sido de enorme utilidad.

Al Dr. Juan Carlos Cherkezian, Reiki Master, médico argentino de origen armenio y quien en el Tíbet fue ordenado monje budista tibetano, gracias por darle el amor que le da al mundo y por proveerme de la asistencia con sus terapias de acupuntura que han aliviado en ciento por ciento los dolores en mis huesos.

De mi gastroenterólogo, Dr. Pedro Llanesa, nunca olvidaré el día que lo conocí en una fría madrugada en los corredores de la sala de emergencia del Baptist Hospital, adonde llegó rompiendo con la tradición estadounidense de que el médico no sale de su casa a atender a nadie y menos a alguien que no conoce. Usted salió de su casa y nos auxilió a mí y mi esposo, que no teníamos ni idea de cómo conducirnos en esa primera emergencia que por poco me cuesta la vida. Muchas gracias.

Al Dr. Robert Derhagopian, a quien de hecho le debo una parte del porqué estoy aquí todavía, pues decidió con gran criterio no hacer las mastectomías al descubrir la metástasis en los huesos, que contraindicaba cualquier intervención. Al Dr. José Noy, mi primer oncólogo, gracias por las recomendaciones de restaurantes gourmet en Miami, la pasamos muy bien con Julio, mi marido, y sin duda debo agradecerle el bombardeo atómico de seis meses.

Al grupo médico y asistentes del Instituto Médico Sanoviv, en Rosarito, Baja California, México, porque han hecho, sin duda, un sitio del siglo XXI de gran ayuda para quienes combatimos esta y otras enfermedades crónicas.

De mi doctora oncóloga Alejandra Pérez, directora de los centros de cáncer de seno del Memorial Cancer Institute, en Hollywood, Florida, quien ha sido una amiga, una doctora tan especial en mi vida. Bendigo el día que la conocí en la clínica del Dr. Charles Vogel, en Plantation. Alejandra, usted es un ser humano increíble, una científica formidable y una médica de gran talento que genera confianza y dota con su especial personalidad de un amor bello y discreto a sus pacientes, gracias por acompañarme y facilitarme la vida, gracias por permitirme hacer travesuras... sólo usted y yo sabemos. Gracias, mi doctorcita. La amo.

Gracias a la Dra. Sandra Franco, codirectora del centro, a la Dra. Carmen Calfa, a la Dra Aruna Mani. Gracias a Mindy Spiesel Kinnaman, mi manos de ángel, por siempre tener gran cuidado con mis pruebas de sangre; al Dr. Teddy Limbaug, gran caballero; a Sheri Howard, por ayudarme con tantos trámites y aliviar mi camino; de igual manera, a Lori Otto Castaneda, a Lori Hart, a mi Susan Piligian, por siempre estar allí, esperándome. No se me puede olvidar Jorgito, el encargado del valet, gracias por siempre estar tan dispuesto a ayudarnos a todas las que semana a semana visitábamos el centro, en fin, mil gracias a todos: su labor, cariño y trabajo con todas nosotras ha sido extraordinario.

Gracias al fabuloso equipo del Memorial South, que ha estado conmigo en los difíciles días de las paracentesis, en especial a Richard Close (Ricardo Cerrado) y a su asistente, Leslie. Todos ustedes son ángeles que Dios va a premiar.

Gracias a todos nuestros amigos y amigas que en el 2002 inundaron nuestras computadoras con correos electrónicos de amor y solidaridad. Gracias a quienes en aquella época hicieron cadenas de oración y ordenaron celebraciones religiosas tanto en la Iglesia católica como en la evangélica para que yo encontrara confort y paz y lograra superar la enfermedad. Lo lograron... Hace poco me enteré de que uno de los médicos al inicio le dijo a mi esposo que con suerte estaría con vida cuatro meses, pero ya llevo cinco años, y siete meses y seguiremos. Todo ello fue de gran ayuda, su amor y oración me acompañaron en momentos que, pensé, no podría superar.

Gracias a mi amiga Rosaria Durán de López David, quien desde Mejuodori me llamó con un teléfono satelital para decirme que estaba ofreciendo una misa por mí. Cuando llamó yo estaba en medio de una aplicación de quimioterapia; gracias a Carolina González Merlo de Asturias, gran amiga de Julio, quien ofreció la primera misa de oración por mi salud en la iglesia Nuestra Señora de la Paz.

Gracias a nuestros entrañables amigos Otto y Mariolga González, quienes viajaron desde Riad, Arabia Saudí, donde residen, para visitarnos en Miami y compartir con nosotros momentos de gran amor y amistad.

Gracias a Juan Suárez Rivas, nuestro amigo y consultor de seguros. Has sido un ángel, eres un ser impresionante, gracias por el apoyo que le has dado a mi marido.

Gracias a Carlos Alberto Montaner y a Linda, su esposa, a quienes amo. Carlos no sabe que va a escribir el prólogo de este libro; cuando se lo pidamos no sé qué cara va a poner, pero no tendrá opción... Siempre he sentido su cariño y sé que él ha sentido el mío.

Gracias a Marcos y Luisa Magaña, nuestros amigos y eternos anfitriones en Madrid. Marquitos: siempre recuerdo las visitas a Segovia y al Carbonero el Mayor, donde hemos disfrutado de ese fantástico cordero lechal que allí cocinan. La última vez, de camino a Lisboa y Fátima, fue la mejor, pues la visita a la finca de los dueños del restaurante fue inolvidable, e increíble haber encontrado en un sitio tan apartado nuestro ron Zacapa. Ni tú lo creías...

Gracias a Bobby y Cocó Argüello, otros ángeles que, en 1988, aparecieron en nuestras vidas. Jeb Bush se los presentó a mi esposo en medio de una crisis de autoexilio muy dura y desde aquella época se hicieron nuestros grandes amigos.

Gracias al banquero guatemalteco Flavio Montenegro, a quien no he tenido el gusto de conocer, de quien sólo sé que ayudó a mi esposo para que pudiéramos continuar con tratamientos muy especiales que aún me tienen aquí, vivita y coleando. Flavio, bendiciones sobre su familia, y prometo verlo cuando, gracias a la generosidad de Marilyn Penington, presentemos este librito en Sophos. Aquí, unas gracias muy especiales a Mario Antonio Sandoval, nuestro entrañable y gran amigo, por haber sido el corresponsable de esa enorme deuda que, gracias a Dios, Julio ya pagó. Sé que tomaste el riesgo y te lo agradezco de todo corazón: bendiciones a la Maru y a tus hijos.

Gracias a nuestros queridos amigos en Miami, Emile y Nilda de Boary. Jamás olvidaré su yate *Mufasa* y lo bien que la pasamos, a nuestro abogado divino Álvaro Castillo, a Henryk y Cristina Dabrowski, bellos amigos, Julio los ama y yo también. Al queridísimo Juanito Cubides, amigo muy especial. A nuestra banquera en Miami, Armanda Pérez, gracias por todo, Armanda, no hay palabras. Mi cariño muy especial a Jorge Arenas y a Mary Borello, los queremos muchísimo. Gracias, Mary, por tu apoyo. Jorge, sabes lo que te amamos en esta casa, has sido el hermano mayor que Julio no tuvo y juntos han construido una amistad tan sólida y bella que nadie ha podido perturbar. Dichosos somos de contar con ustedes.

Gracias a nuestro amigo Mauricio López Bonilla, quien en medio de la gran tormenta política que en el 2002 libró Julio, mi esposo, no abandonó el barco. Nadie sabrá jamás el incuantificable valor de su lealtad en aquellos momentos, Julio y yo lo sabemos. Además, fue él el primero en recomendarme las técnicas de visualización que más tarde me serían tan útiles. Gracias, Mau.

Gracias a todas mis sobrinas del colegio Surval Mont-Fleuri, en Montreux, Suiza. La experiencia con ustedes siempre es un recuerdo que me produce mucha alegría y felicidad, gracias a todas por estar pendientes de su tía adoptiva.

A Mario Castro, el oso, gran y leal amigo, y de nuevo a Mario Antonio Sandoval por ambos tomarse el tiempo de revisar la edición gramatical y ortográfica de este librito.

A Juan Girado, sin duda uno de los mejores traductores del mundo, recomendado a mi marido por mi yerno y de quien Julio sin conocerlo se ha hecho gran amigo. Desde Buenos Aires, Juan ha realizado traducciones, tanto del inglés al español como del español al inglés, en el negocio de Julio que al leerlas nos hemos quedado de una pieza. Su trabajo es inmaculado, y yo tendré la suerte de que él traduzca este librito al inglés. Anticipadamente se lo agradezco.

Finalizo dando gracias a mi grupo de amigas, de las clases de cocina y repujado. Saben que las quiero mucho, gracias a Ana Regina Toledo, a Elvia de Najarro, Normita Alfaro, Beatriz de Arzú, gracias por su permanente acompañamiento y cuidado. Gracias a mi reencontrada amiga Emy Victoria Montúfar de Brañas, gracias a mi gran amiga, Lucy Bonilla. Con todo amor, gracias a todos.

Elizabeth de Ligorría

Miami, noviembre de 2007–octubre de 2008

Capítulo 1

Puertas del Mar y los días felices

La vida no es lo que uno vivió,
sino lo que uno recuerda y cómo
la recuerda para contarla.

GABRIEL GARCÍA MÁRQUEZ

❧

CONOZCO A JULIO, MI ESPOSO, desde que tenía catorce años. Nos hicimos novios en secreto poco antes de que yo cumpliera los quince años, porque mi papá me había dicho que antes de esa edad no podía tener novio, pero por fortuna conté con la amorosa complicidad de mi mamá y pudimos superar de manera temporal la prohibición de mi papi. Fuimos novios casi siete años y nos casamos en 1979. Cuando esto escribo tenemos veintiocho años de casados y treinta y cuatro de novios, como le gusta decir a Julio. No pudimos celebrar las bodas de plata, por la complicación de estar aquí en Miami, pero sí celebraremos los treinta en el 2009, como celebraremos mis cincuenta años el año que viene.

Todo este tiempo he vivido un matrimonio que ha tenido la fortuna de experimentar momentos muy especiales. Puedo decir que he sido muy feliz y que el producto de nuestro amor, nuestros tres hijos, son algo de un valor inapreciable para mí. Nuestras personalidades han sido muy complementarias, la fuerza y dinamismo desbordante de Julio, su optimismo, su dedicación a los aspectos de trabajo y familia y mi forma serena de ver las cosas, mi actitud precavida y si se quiere cautelosa en ciertos temas, mi dedicación a mis hijos y mi esposo y mi ánimo alegre, todas esas características de ambos combinadas han producido un matrimonio integrado y feliz.

Lo cierto es que mi vida antes del cáncer ha estado llena de alegrías y de momentos difíciles, como cuando tuvimos que salir por cuatro años a un autoexilio, o como cuando mi papá decidió regresar a vivir a California, una decisión que nunca entendí pero que tampoco cuestioné. Mi vida ha estado llena de aprendizaje, de crecimiento personal y espiritual, donde nuestras dos familias, la de Julio y la mía, han estado presentes. A diferencia de otros matrimonios, Julio se integró muy bien con mis papás y yo establecí una relación muy estrecha y de gran amor con los de él y con sus hermanas, que son como mías. Somos, ¿por qué no decirlo?, un familión, donde todos nos queremos mucho y tratamos de pasar juntos la mayor parte del tiempo cuando se nos permite.

En síntesis, he sido bendecida con una linda vida y una linda familia. Antes del cáncer mi vida era común y la disfrutaba de la forma más sana posible haciendo ejercicio, comiendo muy sano y frugal. Dos años antes de la noticia que transformó mi existencia, las experiencias vivenciales eran fabulosas, como contaré a continuación, recreando momentos inolvidables de mi vida, todo para que el lector dimensione el drástico cambio que causa el trastorno celular llamado cáncer.

Transcurría el segundo mes del año 2000, trascendíamos al siglo XXI, cuando a mi esposo, Julio, se le presentó la oportunidad de comprar una linda casita de playa en una urbanización llamada Puertas del Mar, en el Pacífico guatemalteco. Durante largos años habíamos querido tener una propiedad fuera de la ciudad para pasar los fines de semana con la familia y amigos, y por eso no dudamos en tomar la decisión y la compramos.

Aquella casa fue diseñada por un famoso arquitecto guatemalteco de origen italiano llamado Amerigo Giraca, quien había dispuesto un ambiente de jardinización ciento por ciento tropical, con una zona elevada de puentecitos de madera que interconectaban tres magníficos búngalos con seis habitaciones y sus respectivas áreas de servicio, que podían albergar a varias familias. Éstos quedaban separados por una bella piscina del área social, que consistía en un enorme rancho con su cocina, salas y comedor bajo su altísimo techo. Nuestra casa se convertiría con el tiempo en el lugar favorito de toda la familia, tíos, abuelos, primos y amigos de nuestros hijos, en donde pasaríamos momentos inolvidables.

Aprovechamos inaugurarla para el cumpleaños de Julio, con la destacada presencia de mi suegra, una fanática del mar y los atardeceres de playa, que no tardó en volverme una asidua observadora de las bellas caídas de sol en el mar. Fue un fin de semana inolvidable para nuestra familia y amistades.

Así transcurrieron casi cien fines de semana y feriados, en los que disfrutábamos de esa casa y del bote de pesca en el que mi hijo menor y mi esposo, con su tío Amador Carballido, un amante de la pesca marina, salían a altamar a pescar los peces llamados marlins, velas y dorados. Hacia el 2001, mi hijo se hacía acreedor al récord nacional juvenil de pesca de orilla, al haber sacado detrás de las olas de playa un pez gallo de 42 lb. El bote estaba perfectamente equipado y había sido adquirido por mi esposo en sociedad con tres amigos más, lo que en muchas ocasiones nos permitía a él, nuestros tres hijos y a mí salir y disfrutar durante horas del espectacular paisaje marino del Pacífico guatemalteco.

En múltiples oportunidades, habiendo navegado dos horas mar adentro en compañía de cientos de delfines, llegábamos a un punto desde donde podíamos observar en el horizonte la belleza azul de las cordilleras y el rosario de volcanes característico de Guatemala, un cielo azul sin nubes que a veces nos permitía ver la luna en la lejanía. El mar calmo, como un lago, los motores apagados, que proveían de un silencio incomparable, una paz infinita. Esto era un espectáculo que disfrutábamos muchísimo y que nos hacía apreciar más lo importante de la vida y lo que Dios nos puso enfrente para disfrutarlo y apreciarlo.

Disfrutar de la época en donde rayas enormes suben a la superficie y se dejan caer sobre un mar azul profundo, u observar la subida ocasional y rara de las gigantescas tortugas laúd, de caparazón blanco, o estar en medio de un banco de peces vela (Guatemala es una de las reservas de pez vela más importantes del mundo) eran experiencias cotidianas que gozábamos como niños. Pescar dorados en gran cantidad o tirarnos en altamar a nadar, reconozco, con absoluta irresponsabilidad, será algo que nunca olvidaremos.

Mi papi me enseñó a apreciar la belleza de la naturaleza y disfrutar de ella profundamente y eso es algo de lo que siempre le estaré agradecida. Cuando era una niñita, me llevaba a bucear con *snorkel* a los cayos de Belice, el segundo arrecife más largo del mundo después del de Australia. Eran días maravillosos en los cuales mi papá y mi mamá me permitían hacer lo que yo quisiera en las cristalinas aguas de los cayos.

Hay una anécdota familiar que a veces era citada por mi papá en las tertulias familiares: en una oportunidad nos sumergimos en aquel mar verde cristalino, él con su arpón para pescar y yo con una diminuta navaja y una malla para recolectar lo que me gustara del fondo marino. En un momento, mi papi logró arponear un enorme mero y se dio a la tarea de no perderlo, lo que lo alejó de donde yo me encontraba. Sorpresivamente, mi mami —que estaba en la superficie observándome— pegó un grito y le dijo al conductor de la embarcación que había un tiburón enorme acercándose a mí. El piloto de la pequeña lancha se asomó y con total desinterés le dijo a mi desesperada mamá: "No se preocupe, señora, ésa es una gata marina (tiburón ballena), son vegetarianas. Mire cómo pasa por encima de su hija y ni voltea a verla…" Por supuesto, yo ni enterada, fascinada con los multicolores de los corales y con unos caballitos de mar que había encontrado. Así, decenas de anécdotas en las que mi papi del alma fue mi gran introductor a la cultura del amor por la vida y por el entorno natural.

En aquellas épocas mi vida transcurría haciendo mucho ejercicio, poniendo en práctica una serie de recomendaciones que habíamos recibido sobre nutrición y vida sana en el Hilton Head Health Institute en la Isla de Hilton Head, Carolina del Sur, adonde habíamos acudido con mi esposo en dos oportunidades en viajes de descanso, él en busca de soluciones para bajar de peso y mantenerse en forma en medio de la ajetreada vida que llevaba, atendiendo a sus clientes por todo el continente.

Mi otra gran ocupación era supervisar los estudios de Julio Enrique, nuestro hijo menor, quien era muy inquieto, como debía ser un chico de su edad que había estado expuesto a una transición educativa y de vida muy distinta. En 1993, cuando decidimos retornar después de cinco años en Estados Unidos, Julito no hablaba español y le fue muy difícil su incorporación al sistema educativo de Guatemala, pero finalmente encontramos el colegio ideal y con la ayuda de su director, el querido Bobby Rogers, y el sistema allí, logró incorporarse.

Mis hijas crecían. Alexandra, la mayor, se graduó del bachillerato con honores como la estudiante "perfil del Colegio Interamericano" entre toda la promoción. A los dos años se graduó de bachiller nuestra segunda hija, Vanessa. Con mi esposo fuimos de la idea de que era muy importante que nuestras hijas conocieran el mundo y se educaran en el conocimiento de la historia universal, así como en una serie de aspectos propios de la formación de una mujer integral, por lo que a ambas las enviamos al colegio de refinamiento Surval Mont-Fleuri, en Montreux, Suiza, antes de entrar a la Universidad Francisco Marroquín, en Guatemala.

El colegio funciona en un castillo enclavado en los Alpes suizos, en la parte superior del poblado de Montreux, distrito de Vevey, desde cuyas habitaciones se divisa en toda su magnitud el bello Lago de Ginebra. Montreux es una pequeñita ciudad conocida a escala mundial por su ya famoso festival anual de jazz, que desde 1967 se celebra en julio; por ser sede de residencias de vacaciones de notables personajes, como el magnate Bill Gates, quien posee frente al lago una muy hermosa residencia, y la cantante de ópera norteamericana Barbara Hendricks; y por haber sido residentes permanentes de la ciudad el compositor ruso Igor Stravinsky y el filósofo y escritor suizo Jean-Jacques Rousseau, entre otras muchas personalidades de renombre mundial. También queda allí la famosa clínica de terapia celular contra el envejecimiento La Prairie, y desde Montreux, en un funicular que parece de cuento de hadas, se puede acceder cumbres arriba el pueblito de La Gruyère, cuna del conocido queso Gruyère, en donde comí las más deliciosas *fondues* que he probado en mi vida.

Ese colegio nos había llamado la atención a Julio y a mí, pues nuestras hijas, que además del español dominan el inglés, tendrían la oportunidad de aprender otro idioma: el francés; conocer personas de otros países con otras culturas. El programa incluía varios viajes educativos durante el año, lo cual, nos parecía, proveería a nuestras hijas de una visión amplia de la historia y del mundo. De esa cuenta ambas visitarían lugares tan lejanos como Omán o Beijing y estarían expuestas a sociedades en transición, como cuando visitaron Moscú y San Petersburgo en la difunta URSS, o Praga, una de las ciudades más bellas del mundo.

Con Vanessa, mi segunda hija, tuve la oportunidad de viajar en crucero por todo el Medio Oriente, en un viaje educativo organizado por el colegio. Fue una experiencia inolvidable que disfrutamos mucho, especialmente porque viajaron muchas de sus compañeras de diferentes nacionalidades, al igual que los dueños del colegio, un matrimonio encantador de apellido Sidler. Yo era la única mamá que viajó, así que me sentía parte de las alumnas, a quienes convertí en mis sobrinas, ya que las costarricenses, compañeras de mi hija, empezaron a decirme tía y hasta la fecha así me llaman. El viaje duró tres semanas, que fueron increíblemente fructíferas, pues también pude compartir muchas cosas con mi hija, ya que ella en ese momento pasaba por una etapa un poco difícil en su vida sentimental y necesitaba mucho del consejo de su madre.

El viaje con Vanessa comenzó en el Puerto de Dubai, a bordo de un gigantesco crucero llamado *Legend of the Seas*, por cierto, el último que haría esa fantástica embarcación por esas aguas. Fue algo formidable; salimos de Dubai, en las puertas del Golfo Pérsico, y navegamos por el Océano Índico rumbo al Mar Rojo y el Canal de Suez. Nos detuvimos en Omán, en el puerto de Muscat, frente a la ciudad pakistaní de Karachi, y luego partimos por todo lo que es el llamado Océano Árabe, para entrar al canal exactamente frente a las costas de Somalia, donde un par de años después los barcos cargueros eran raptados y atacados por piratas de las fuerzas insurgentes somalíes.

Nunca olvidaré la fabulosa sensación de ir corriendo en la máquina del gimnasio en lo más alto del buque y divisar desde allí las aguas más azules y transparentes que he visto, además en compañía de centenares de delfines.

Ya en ruta al Canal de Suez, sobre el Mar Rojo, era impresionante la sensación de estar en medio de dos continentes, Asia y África, entre Arabia Saudí de un lado y Etiopía, Sudán y Egipto en el otro. El barco se detuvo en el impresionante puerto del Sharm el-Sheij, en el sur de la península de Sinaí y luego en El Cairo, donde visitamos las pirámides de Egipto y quisieron que intercambiara a mi hija por una docena de camellos.

Jordania fue una experiencia especial. La milenaria ciudad de Petra dejó en mí una impresión imperecedera. Bajamos del barco y nos ofrecieron camellos o caballos para transportarnos, pero yo insistí en caminar hasta la ciudad milenaria como lo habrían hecho los pobladores de esos lugares hacía cientos de años. Mi hija, sus amigas y yo la emprendimos a pie entre unos estrechos y bellísimos cañones de rocas areniscas de variados colores rojos, naranjas y dorados. Luego de largo tiempo de recorrido, el impacto de llegar a Petra, la antigua ciudad de piedra, fue paralizante. Recuerdo que el director del colegio estaba impresionado, pues no sólo hicimos a pie el recorrido de ida sino también el de regreso. Debo reconocer que no quise subirme a los camellos, pues vi cómo un joven que los llevaba maltrataba a uno muy duramente y me pareció que los pobres animales también se merecían un descanso, aunque estuviesen acostumbrados a caminar trayectos largos.

El viaje estaba por terminar con la visita a Jerusalén y recuerdo que desde que dejamos Suez el barco quedó prácticamente incomunicado, sin internet ni teléfonos satelitales y todo por razones de seguridad. Llegamos al puerto de Tel Aviv, y desde allí a Jerusalén, visitamos el Mar Muerto, Belén y, por supuesto, la iglesia de la Natividad, en donde, se cree, fue el nacimiento de Jesucristo. El Muro de los Lamentos, el Río Jordán y una ermita inolvidable en donde la paz reinante, el olor a naranjas y flores frescas me despertaron una extraña sensación de querer permanecer allí para toda la vida, por ser un lugar que hasta la fecha percibo con mis cinco sentidos. Estábamos, ni más ni menos, en el monte de las Bienaventuranzas, que se encuentra frente al Mar de Galilea o Lago Tiberíades, por encima de Tabgha, el lugar de la primera multiplicación de los panes y los peces, un sitio maravillosamente inolvidable. Estando allí me imaginaba que en este lugar fue donde se llevó a cabo el Sermón del Monte de Jesús, en el cual Él les dice a sus discípulos que vivan el espíritu de las bienaventuranzas para encontrar la verdadera felicidad en esta vida y después en el cielo.

Creo que es apropiado aquí recordarles a todos en este librito las bienaventuranzas:

Bienaventurados los *pobres de espíritu*, porque de ellos es el Reino de los Cielos.

Bienaventurados los *mansos*, porque ellos poseerán en herencia la tierra.

Bienaventurados los *que lloran*, porque ellos serán consolados.

Bienaventurados los *que tienen hambre y sed de la justicia*, porque ellos serán saciados.

Bienaventurados los *misericordiosos*, porque ellos alcanzarán misericordia.

Bienaventurados los *limpios de corazón*, porque ellos verán a Dios.

Bienaventurados los *que trabajan por la paz*, porque ellos serán llamados hijos de Dios.

Bienaventurados los *perseguidos por causa de la justicia*, porque de ellos es el Reino de los Cielos.

Bienaventurados seréis cuando os injurien y os persigan y digan con mentira toda clase de mal contra vosotros por mi causa.

Alegraos y regocijaos, porque vuestra recompensa será grande en los cielos; pues de la misma manera persiguieron a los profetas anteriores a vosotros.

(MATEO 5:3-12.)

La fecha de mi visita a este sitio fue el 17 de abril de 2000. Ese mismo año, el 24 de marzo, en ese mismo lugar, Su Santidad Juan Pablo II pronunció una homilía ante más de cien mil jóvenes que llegaron de todo el Medio Oriente y de varios países del mundo hasta Korazim. El Papa Juan Pablo II dio una intensa catequesis sobre el Sermón de la Montaña en el mismo lugar en el que Cristo propuso las bienaventuranzas como camino al Reino de Dios.

Estamos sentados en esta colina como los primeros discípulos y escuchamos a Jesús —dijo el Papa a los jóvenes—. En silencio escuchamos su voz amable y urgente, amable como esta tierra y urgente como la invitación a elegir entre la vida y la muerte.

Después de disfrutar de tan inspirador lugar —sin duda, el que más me impactó espiritualmente en todo el viaje—, fuimos a almorzar frente al Lago Tiberíades, donde degustamos un excelente pescado entero. Siempre he disfrutado comer pescado entero —mi papi me enseñó a comerlo desde que era una niñita—, lo disfruté mucho esa vez, enseñando a mis niñas del viaje a comerlo con propiedad, por cierto, todas muy inútiles para partir el pescado entero; nos reímos mucho.

Finalmente, partimos de Tel Aviv, y se suponía que iríamos a Estambul, pero tuvimos que parar en el puerto de Kusadassi pues una señora embarazada daría a luz. Esa parada nos llevó directo a las islas griegas y a Atenas, desde donde partimos por avión a nuestra última parada, Roma.

Llegamos a Roma en Jueves Santo y la experiencia de vivir el viacrucis romano dirigido por Su Santidad el Papa Juan Pablo II fue maravillosa, especialmente porque yo había tenido el privilegio de comulgar de manos de Su Santidad en la misa del Campo de Marte, en la ciudad de Guatemala, durante su primera visita al país, en 1983. Julio, mi esposo, había colaborado directamente con el cardenal Mario Casariego y la Santa Sede en los preparativos de la visita a Centroamérica, y el cardenal Casariego, como agradecimiento, nos incorporó a la lista de las únicas cien personas que recibirían la comunión en ese enorme servicio al que asistieron más de un millón de guatemaltecos.

Todas estábamos paralizadas ante la experiencia en Roma, el magnetismo de Juan Pablo II era único. Miles rezábamos y llorábamos de la emoción ante sus palabras y mensajes, y mi hija y sus amigas, provenientes de América Latina y distintos sitios de Europa, estaban conmovidas frente a Su Santidad, cuyo sitial nos quedaba a una distancia muy conveniente y podíamos verlo con gran claridad.

Pasados el Jueves y el Viernes Santo, el día sábado nos divertimos mucho y luego de un suculento almuerzo típico de Italia, bailé con el dueño de un restaurante en la Piazza Navona. Fueron días de gran alegría, espiritualidad y aprendizaje, y ante toda mi satisfacción por ver cómo mis hijas pudieron vivir una experiencia única y estar expuestas a tanta cultura, belleza y aprendizaje. El Domingo de Resurrección tuvimos la bendición de estar a poquísimos metros de Su Santidad en la misa pública de la Plaza de San Marcos, gracias a unas monjitas que nos acomodaron en lugares que nos permitían estar sentadas. También nos fue permitido comulgar allí mismo. Fue otra experiencia maravillosa, muy gratificante, que nunca olvidaremos.

Capítulo 2

Visitando a W. Bush

Si de verdad vale la pena hacer
algo, vale la pena hacerlo
a toda costa.

GILBERT KEITH CHESTERTON
Escritor británico

PARTIMOS DE GUATEMALA A WASHINGTON el 4 de enero de 2002 a una cena que se organizaba para celebrar el relanzamiento de la campaña de Jeb Bush a gobernador de la Florida. Mi esposo, Julio, había establecido una muy buena relación con Jeb desde que se habían conocido durante la visita que él hizo a Guatemala en 1988, cuando era secretario de Comercio de la Florida. El entonces embajador de Estados Unidos en Guatemala, James Michael, invitó a Julio a atender al secretario durante su estancia en el país, y así fue.

Meses después de la visita, nosotros salíamos a radicarnos en Miami, ya que por razones políticas tuvimos que dejar Guatemala y durante los subsiguientes años nuestras relaciones en la Florida se fortalecieron. De esa cuenta, en el 2002 formábamos parte de un selecto grupo que fue invitado para esa oportunidad en que se relanzaba la campaña de Jeb, luego de haber sido interrumpida por los acontecimientos del 9/11.

Precisamente días antes del 9/11 del 2001, yo había sido intervenida en el Centro Médico de la ciudad de Guatemala para extirparme un ovario y me tocó presenciar los atentados desde mi cama de convaleciente. Siempre he pensado que esas terribles imágenes me causaron gran daño emocional por la impresión de tener que observar el caos que se estaba viviendo en esos momentos y también temía por la seguridad de mis padres que vivían en Estados Unidos.

Volviendo al relato de la visita a Washington, el 6 de enero de 2002, en un lindo restaurantito de Georgetown llamado 1789, cenamos con nuestra amiga Ana Navarro, una activa republicana, nicaragüense-norteamericana, que meses más tarde sería nombrada embajadora de Estados Unidos ante la Comisión de Derechos Humanos de la ONU en Ginebra, y con el ex embajador de ese país en Caracas, Otto Reich, quien esa noche nos confió que al día siguiente sería nombrado por el presidente George W. Bush como su secretario de Estado para América Latina.

La cena estuvo exquisita y la conversación fue muy interesante. De regreso al hotel me sentí muy cansada, algo extraño dado que habíamos descansado casi toda la tarde. Al día siguiente fue la cena en donde tuvimos la oportunidad de conocer al presidente George W. Bush, quien pronunció un discurso de apoyo a su hermano Jeb. El presidente bromeó conmigo a la hora de las fotografías y me dijo que cómo era posible que una latina tan linda tuviera un esposo tan gordo... Nos reímos mucho, pues Julio siempre ha tenido la capacidad de reírse de sí mismo y ante una broma tan especial, viniendo de quien venía, las risas eran más que espontáneas, como usted se imaginará. Al volver de la cena, nuevamente sentí un enorme agotamiento, pero esta vez acompañado de un incómodo y extraño dolor en la espalda que ya me había afectado en noviembre y que habíamos adjudicado a una nueva rutina de pesas que estaba siguiendo con mi entrenador.

Preparándonos para retornar a Guatemala, Julio me pidió que me quedara en Miami haciéndome un chequeo médico. No le hice caso, y le dije que debía regresar para atender el inicio de clases de nuestro hijo y que lo haría más adelante.

El tiempo transcurrió. Visité a mi ginecólogo, a quien le compartí que sentía nódulos en mi seno izquierdo y que me dolía. Después de dos mamografías, me dijo que no me preocupara porque eran ganglios inflamados por los cambios hormonales de la edad. Visité varios médicos en Guatemala, que realmente no me daban una solución clara a mis problemas. Luego unos amigos me recomendaron a un homeópata, que me dio unas soluciones de hierbas que me ayudaron y prácticamente resolvieron el dolor.

Al finalizar la Semana Santa de ese año (2002), decidimos con Julio que me iría a Miami a hacer el chequeo pendiente, pues los dolores volvieron levemente y tuve una reacción alérgica bastante grave, cuyo origen se desconocía. Estuve hospitalizada una semana y, nuevamente, no había nada claro.

Esa misma semana, Julio salió para México a participar como profesor en un seminario internacional sobre Estrategia en la Universidad Iberoamericana, y yo salía hacia Miami el 8 de mayo para efectuar un chequeo general en el programa internacional del Baptist Hospital.

Decidí no quedarme en mi casa, sino en la de mis papás para poder estar más tiempo con ellos. Recuerdo que descansé muy bien y al día siguiente estaba lista y de muy buen ánimo para iniciar los estudios médicos. Mi papá me acompañó, terminamos hacia la 1 de la tarde y nos fuimos a almorzar, pero cuando estábamos por terminar sonó mi celular. Era una llamada del hospital en la que me solicitaban retornar, pues habían detectado algo que no tenía sentido y querían repetir la mamografía.

Fue una tarde bastante tediosa, pues luego de haber llegado muy temprano por la mañana sentí que el día nunca terminaría. Me hicieron varias mamografías y luego ultrasonido de los senos. Al final de la tarde, al terminar con el ultrasonido, llegó a hablar conmigo la radióloga, la Dra. Iparraguirre, y me dijo que efectivamente podía ver algo, pero que ya me tenía arreglada una biopsia y cita con un cirujano oncológico, el Dr. Robert P. Derhagopian.

Llegué con el cirujano y me dijo que, en cuanto me hiciera la biopsia, personalmente pediría los resultados al laboratorio del hospital. Aún no puedo describir mi sentir en ese momento, pues no entendía lo que estaba pasando, todavía no había tenido tiempo siquiera para sospechar de un cáncer. Estaba totalmente segura de que no era nada y todo estaría bien. Luego de la biopsia, efectivamente al día siguiente (recuerdo que era sábado), me llamó el Dr. Derhagopian y me dio el diagnóstico por teléfono.

—Es cáncer —dijo— y tiene tres tumores, uno de ellos un nódulo linfático, un carcinoma.

Agregó que como yo también tenía cita con un especialista de la columna, quería asegurarse de que lo que habían visto en las radiografías no era parte de una metástasis del cáncer a los huesos y que quería que el especialista lo llamara en cuanto me hubiera evaluado.

No podía creer lo que estaba escuchando. No sabía cómo reaccionar ante tan terrible noticia. No sabía si llorar o gritar, especialmente porque tenía a mis papás frente a mí y mi papá ya tenía en su haber una larga lucha con el cáncer de próstata. Inmediatamente fui a llamar a Julio, que se encontraba en México, pues necesitaba decirle todo lo que estaba pasando, y yo quería que supiera todo con exactitud. También me comuniqué con mi suegra, que ha sido como otra madre para mí y estaba muy pendiente de todos los resultados de los exámenes. Debo decir que todos en Guatemala estaban muy afectados, pues jamás esperaron, al igual que yo, un resultado como ése. De pronto la familia completa padecía del síndrome "D": desánimo, desolación, desaliento, desasosiego, desconcierto. De la reacción de Julio y los días subsiguientes escribiré en el próximo capítulo.

Esa noche llegó a verme mi hermana Arleen con su esposo, Francisco, y allí, hablando de todo, me partí en mil pedazos y me puse a llorar muchísimo. Estaba empezando a pensar que mis días estarían contados a partir de ese momento, y sólo me quedaba aclarar la parte de los exámenes de los huesos y el diagnóstico final del especialista, el cual llegaría sólo para confirmar lo peor: el cáncer se había regado en mi sistema óseo, y desde allí migraría a mi cerebro, mis pulmones u otros órganos de mi cuerpo, con las consecuencias que ya todos sabemos y que en aquel momento me aterraban.

CAPÍTULO 3

Llamada a México

*Para un buen matrimonio hay
que enamorarse muchas veces,
siempre de la misma persona.*

MIGNON MCLAUGHLIN

Periodista estadounidense

ERAN LAS 4 DE LA TARDE, hora de Miami —3 de la tarde en México— del 11 de mayo de 2002 cuando logré hablar con Julio. Él ya había terminado de dar el seminario e iba en el automóvil rumbo al hotel. Yo estaba bastante afectada, pues finalmente había asimilado las terribles noticias. No pude contener las lágrimas y le tuve que dar el diagnóstico que me había informado el doctor. También para él fue algo sumamente duro, en especial porque no estaba conmigo, pues siempre hemos compartido todo, tanto lo bueno como lo malo y esto realmente era algo muy serio. Inmediatamente me dijo que llegaría a Miami lo antes posible, pues teníamos muchas cosas que hablar. Era tarde para tomar el vuelo y tuvo que hacerlo a primera hora del domingo.

Cuando colgamos, sé que él siguió llorando intensamente, y el chofer le dijo que tratara de calmarse, que sentía mucho la noticia que había recibido. Julio le pidió que lo llevara la Basílica de Guadalupe y fue a ponerme a los pies de la Virgen de Guadalupe, a pedirle que me protegiera y que nos diera mucha fuerza para poder librar la dura batalla que teníamos frente a nosotros. Esa visita a la Virgen en gran parte le dio mucha fuerza a él y más tarde a mí.

Mientras tanto a mí me daba vueltas la cabeza. Pensaba en mil cosas al mismo tiempo: en Julio, en mis hijos, mis papás y el resto de la familia. Los que más me preocupaban eran mis hijos. No sabía cómo tomarían la noticia, pues ellos aún estaban en Guatemala. Mis hijas en la universidad y mi hijo todavía en el colegio. Tenía tanto en qué pensar y al mismo tiempo no sabía cómo organizar estos pensamientos que tanto me aturdían. "No me quiero morir… ¡¡¡todavía no!!!", pensaba. "¿Por qué me pasó a mí?, ¿qué hice yo de malo en mi vida si he sido una buena madre, una buena esposa y una buena hija…? ¿Qué pasó? ¿Por qué?"…

En la vida he aprendido que el silencio habla en forma elocuente. El encuentro con mi amado esposo, Julio, fue bastante emotivo. Como nunca, guardó silencio al verme. Nos abrazamos y lloramos muchísimo, sin expresar palabra. Luego nos sentamos en la sala y le conté paso a paso cómo se fue desarrollando todo. Luego fuimos tratando de poner en orden todo lo que faltaba por hacer y el tema de nuestros hijos. De qué manera darles la noticia… ¡Dios…! Danos fuerza y sabiduría para saber informar a nuestros niños esta noticia tan devastadora.

Decidimos que llegaran a Miami para poder hablar tranquilamente con los tres. Los llevamos a tomar refrescos a una cafetería en Sunset Place, de South Miami, frente a la Trattoria Sole, un restaurante que solíamos frecuentar pues nos encantaba su comida italiana. Julio se hizo cargo de la introducción al tema, pero por más cuidado que tuvo no pudo evitar que la noticia les cayera como balde de agua fría. Los tres se pusieron a llorar y Julio y yo tratamos de guardar la calma para no poner peor las cosas. De cualquier manera, ese momento fue desgarrador para todos. Los cinco lloramos como niños en medio de la calle.

Alexandra y Vanessa decidieron poner en suspenso temporal sus clases de la universidad para venir a Miami a ayudarme y, por supuesto, Julio Enrique definitivamente tendría que venir también. Ya nos encargaríamos de conseguirle colegio. Se fueron de vuelta a Guatemala para organizarse y poder regresar a Miami lo antes posible. La cultura de unidad familiar que nos habíamos encargado de sembrar en todos nosotros durante todos estos años haría imposible que ninguno de los cinco pensáramos en otra cosa que permanecer juntos la mayor cantidad de tiempo posible, y así fue.

CAPÍTULO 4

Doctor "D" o Doctor "T"

*Aprendí que no se puede dar
marcha atrás, que la esencia
de la vida es ir hacia adelante.
La vida, en realidad, es una
calle de sentido único.*

AGATHA CHRISTIE
Novelista inglesa

JULIO DECIDIÓ LLAMAR A SU tío, un médico guatemalteco de reconocido prestigio profesional, quien era de hecho nuestro médico de cabecera, el Dr. Estuardo Ligorría, tío Estuardo, quien llegaría para acompañarnos a las siguientes citas medicas y poder tener en familia y confianza una adecuada lectura de lo que nos decían los profesionales en Estados Unidos.

Yo ya había tenido la cita con el especialista de la columna y nuestro tío vio las películas de los escaneos que ya me habían hecho hacía una semana. Tal y como lo pidió el Dr. Derhagopian, éste lo llamó y discutieron lo que podía interpretar en los resultados, y efectivamente tenía una metástasis del cáncer de seno a los huesos.

El Dr. Robert Derhagopian era un muy reconocido cirujano oncólogo graduado de la escuela de medicina de la Universidad de Tufts, cuya especialidad era efectuar mastectomías a mujeres afectadas con cáncer de seno. Según los informes que revisamos, ese año había efectuado 158 procedimientos exitosos en mujeres de todas edades, y era conocido por los bromistas en el hospital Baptist como Dr. "T" por aquello de "Tits", aunque rápidamente todos corregían y decían no, no, no es Dr. "D" de Derhagopian.

Antes de llegar a la clínica del Dr. Derhagopian, yo me había mentalizado de que, de ser necesario, estaba dispuesta a que me hicieran la mastectomía en ambos senos para salvar la vida. Al visitarlo, este médico —que había servido en la marina estadounidense— me dijo, con lo que más tarde identificaríamos como un acto de gran responsabilidad y profesionalismo:

—Elizabeth, no puedo ni debo operarla.

Me dejó fría… No podía creer que me dijera eso, quien más procedimientos de ese tipo hacía en el Baptist Hospital de Miami, pero la realidad era que mi condición de metástasis contraindicaba cualquier procedimiento invasivo.

Allí mismo, el Dr. "D", el médico que diagnosticó mi cáncer, me envió a uno de tres oncólogos recomendados por él; escogimos a uno de origen cubano, que venía muy bien recomendado por un amigo cercano, quien en esos días tenía a uno de sus ejecutivos guatemaltecos atendiendo a su esposa con el mismo problema que el mío, con muy buenos resultados.

Salimos con Julio y el tío Estuardo hacia la casa, para conversar y analizar lo que nos había informado el Dr. "D". Esa tarde, recibimos la llamada de nuestro mejor amigo en Panamá, José Guillermo Lewis, quien recién se recuperaba de un cáncer de colon y que nos indicaba que ya había hablado con las autoridades del MD Anderson de Houston para que me pudieran ver de inmediato.

José Guillermo es el hijo mayor de una de las familias emblemáticas de Panamá, formada por don Gabriel Lewis Galindo y la señora Nita Navarro de Lewis. Don Gabriel, ya fallecido, ex canciller de Panamá, fue sin duda el latinoamericano con más influencia en los círculos políticos de Washington y un reconocido empresario a escala regional.

Vale recodar que la lista de espera en ese famoso centro oncológico es de varios meses, pero Pepe había logrado reducirla a 24 horas y era nuestra decisión si asistíamos o no.

Capítulo 5

Miami, Houston o Nueva York

*Cuando la vida te presente
razones para llorar, demuéstrale
que tienes mil y una razones
para reír.*

ANÓNIMO

♣

L A DISYUNTIVA ERA CLARA. NUESTRO amigo Pepe Lewis había logrado para mí un espacio en el MD Anderson de Houston con uno de los mejores oncólogos especializados en cáncer de seno. Otro amigo de Julio habría hecho lo mismo en el Memorial Sloan-Kettering Cancer Center de Nueva York, el centro donde se había tratado Jacqueline Kennedy Onassis y que, como el MD Anderson, está considerado mundialmente como uno de los dos grandes centros oncológicos estadounidenses.

Estoy convencida de que es muy importante dar una breve descripción en este librito de lo que son y representan estas instituciones, pues estoy segura de que, como yo cuando todo esto inició, muchos no tendrán ni idea de lo que representan.

Por ejemplo, el MD Anderson Cancer Center pertenece a la Universidad del Estado de Texas, y es una institución pública, sin ánimo de lucro. La Universidad de Texas cuenta entre sus profesionales con siete premios Nobel. En 1999, invirtió en investigación quinientos noventa y cuatro millones de dólares, de los cuales ciento seis fueron invertidos directamente en el MD Anderson Cancer Center.

Está considerado por la comunidad científica y médica internacional como uno de los más importantes del mundo y, de hecho, en el 2000 fue designado por la prestigiosa revista *US News and World Report* como el mejor hospital para el tratamiento de cáncer de Estados Unidos. Fundado hace más de medio siglo con el nombre de Hospital de Cáncer del Estado de Texas, lo cambió en reconocimiento al filántropo Monroe Dunaway Anderson.

El MD Anderson Cancer Center de Houston es un hospital dedicado exclusivamente a la lucha contra el cáncer por medio de la investigación, programas de prevención y formación de profesionales. Sus tratamientos inciden de forma directa en dos aspectos esenciales para superar la enfermedad: aplicación multidisciplinar de los últimos avances científicos y una esmerada atención personal al paciente. Esta institución ha sido pionera en la aplicación del concepto del enfoque multidisciplinar en la planificación y seguimiento del tratamiento de cáncer, concentrando en el paciente la experiencia de los distintos especialistas para aplicar los tratamientos de la manera más eficaz y conveniente para el enfermo. Su experiencia en diagnósticos tempranos muy precisos y óptima planificación han hecho del MD Anderson Cancer Center de Houston uno de los hospitales oncológicos de mayor prestigio mundial.

A finales del año 2000 más de cuatrocientas cuarenta mil personas recibieron tratamiento en el MD Anderson Cancer Center de Houston, de los cuales más de 10 por ciento procedían de fuera de Estados Unidos. Solamente en marzo del 2000 fueron tratados más de cuarenta mil pacientes externos, además de los mil quinientos pacientes que ingresaron para recibir tratamiento médico en el propio Centro que, desde su fundación, se fijó la ambiciosa misión de erradicar el cáncer en Texas, Estados Unidos y el mundo.

Luego, y no menos importante, está el Memorial Sloan-Kettering Cancer Center (MSKCC), el más antiguo y mayor centro privado para el tratamiento del cáncer, con más de cien años atendiendo pacientes de todas partes del mundo, con logros sorprendentes en investigación y desarrollando importantes contribuciones para nuevas y mejores terapias para el tratamiento del cáncer.

Fundado en 1884 como el Nueva York Cancer Hospital por un grupo de filántropos que incluía a John J. Astor y su esposa, Charlotte, el edificio original estuvo en el llamado Upper West Side de Manhattan, de donde se trasladó a su actual edificio, en la avenida York. Esto fue en 1936, cuando el multimillonario John D. Rockefeller, Jr., donó el terreno donde en 1939 fue construido el Memorial Hospital. Entre 1970 y 1973 fue erigida una nueva instalación en ese mismo lugar.

En 1940, dos ex ejecutivos de la General Motors, Alfred P. Sloan y Charles F. Kettering, unieron fuerzas para establecer lo que se llamó el Sloan-Kettering Institute (SKI). Desde su inicio, el SKI se convirtió en el más importante centro biomédico de investigaciones de todo Estados Unidos, y fue construido adyacente al Memorial Hospital. En 1960, el SKI y el Memorial Hospital se unieron en una sola entidad, hoy conocida como Memorial Sloan-Kettering Cancer Center.

Hoy cuenta con más de nueve mil empleados, incluyendo seiscientos setenta y dos del personal de atención del Memorial Hospital y 128 miembros del SKI. Para que se formen una idea, sólo en el 2007, más de veintiún mil pacientes fueron admitidos en el Hospital and Memorial Sloan-Kettering y al mismo tiempo atendió a cuatrocientos cuarenta y tres mil pacientes ambulatorios, es decir, que no fueron internados sino que visitaron la sede central en Manhattan y los sitios regionales combinados.

Por otro lado, en Miami estaba el Silvester Cancer Center de la Universidad de Miami, y acá teníamos nuestra casa, con la ventaja adicional

51

de que en Miami vivían mis papás y mi hermana. Conversando con el tío Estuardo, nos argumentaba algo que al final resultó ser lo que nos orientó a decidir quedarnos en esta ciudad que nos era muy amigable y en donde habíamos pasado momentos muy bellos. El tío decía algo muy cierto: en el mundo de hoy la estandarización de los servicios de salud es el denominador común y los protocolos y avances en el tratamiento de las enfermedades terminales, como se le llama al cáncer, se implementan a escala global de manera casi inmediata, pues la revolución de las telecomunicaciones con internet ha achicado el mundo en términos de tiempo y espacio. Nos recomendó quedarnos, estar cerca de la familia y los amigos.

Decidimos quedarnos en Miami, y todo este tiempo he tenido los mejores tratamientos, en especial desde que conocí a la Dra. Alejandra Pérez, oncóloga colombiana que, junto con la Dra. Sandra Franco, dirige el Memorial Breast Cancer Center en Hollywood, Florida. La conocí cuando, con mi esposo, visitamos el centro de investigaciones de cáncer de seno del Dr. Charles Vogel en Plantation, Florida. Fuimos allí esperanzados en que yo fuera receptiva de una droga que el Dr. Vogel había aplicado con éxito en casos de cáncer de seno metastásicos como el mío. La droga, Herceptin, es indicada para estos casos pero la paciente debe ser receptiva, yo fui negativa y no me la pude aplicar, pero la Dra. Pérez me dio opciones que me dieron confianza y permanecí con ella.

Desde el día en que me puse en manos de la Dra. Pérez, las cosas empezaron a mejorar mucho. Meses más tarde, ella fue convocada, junto con la Dra. Franco, a hacerse cargo de dirigir los Centros de Cáncer de Mama en el Instituto del Cáncer del Memorial Hospital en Hollywood, Florida, por lo que decidieron separarse de la clínica del Dr. Vogel. Por supuesto, me fui siguiéndola. Le dije en esa oportunidad: "Usted no se va a deshacer de mí tan fácilmente". Fue una gran decisión, pues he tenido una gran recuperación y con los altibajos de esta enfermedad, ella y su equipo siempre han tenido una aproximación muy efectiva, que me ha hecho sentir muy segura y con esperanza. Llegaré a donde Dios disponga, quiero dejar expresado en este librito que ha sido una bendición estar en manos de este centro y una gran suerte poder ser atendida directamente por Alejandra Pérez, quien sólo en el 2007 atendió directamente a cerca de tres mil pacientes.

La Dra. Pérez obtuvo su título de medicina del Health Science Institute en Colombia, donde se graduó entre las diez mejores de la clase. Completó su capacitación en medicina interna en el Danbury Hospital, afiliado a la Facultad de Medicina de la Universidad de Yale. Tras completar su residencia, fue nombrada jefa residente del área de cuidados ambulatorios. También completó su capacitación en hematología y oncología en el Albert Einstein College of Medicine y en el Montefiore Medical Center, en Nueva York.

La Dra. Pérez está certificada por la junta en medicina interna, hematología y oncología. Es directora de los Centros de Cáncer de Mama en el Instituto del Cáncer del Memorial, donde es la investigadora principal de numerosos ensayos clínicos dirigidos a la prevención y el tratamiento del cáncer de mama. Su filosofía de cuidados es tratar a la persona en su totalidad, incluyendo el cuerpo, la mente y el espíritu, centrándose en el competente control de las enfermedades donde el objetivo es la cura, la observación o el control de ese cáncer.

La Dra. Franco, por su parte, obtuvo su título en medicina de la Universidad de El Rosario, Bogotá, Colombia, donde se graduó como la mejor de la clase. Completó su residencia en medicina interna en la Facultad de Medicina de la Universidad de Miami (UM), donde también completó su capacitación en hematología y oncología médica. Es médica certificada en medicina interna y oncología médica.

La Dra. Franco trabajó como profesora auxiliar de medicina en la División de Hematología y Oncología Médica del Departamento de Medicina de la UM. Fue designada colíder del Programa de Cáncer de Mama en la misma universidad. Ha trabajado como investigadora principal e investigadora colaboradora en múltiples ensayos clínicos sobre el cáncer de mama, tanto en ensayos iniciados por investigadores como en los patrocinados ya sea por el Instituto Nacional del Cáncer o por la industria farmacéutica. También ha sido investigadora para varios grupos de cooperación nacional, como Eastern Cooperative Oncology Group (ECOG), National Surgical Adjuvant Breast and Bowel Project (NSABP) y Breast Cancer International Research Group (BCIRG), y se ha desempeñado como directora del Programa del Cáncer de Mama Metastásico y Localmente Avanzado de la Red de Investigaciones sobre el Cáncer.

A estas alturas del librito, ya mis queridos lectores habrán de haberse dado cuenta de lo afortunada que he sido y lo importante que para mí era poder compartir todo esto, pues nunca podremos olvidar con Julio lo desamparados que nos sentimos al principio al no saber a dónde acudir y qué criterios aplicar para no equivocar la decisión e intentar que los tratamientos pudieran ser efectivos.

Así pues, nos quedamos en Miami, no sin antes agradecer su generosidad a las instituciones de Nueva York y Houston al abrirme un espacio en su apretada lista de demanda para tratamientos oncológicos y, por supuesto, estar felices de contar en Hollywood, Florida, con una institución como los Centros de Cáncer de Mama en el Instituto del Cáncer del Memorial, que están dedicados exclusivamente a este tipo de cáncer que afecta a la mujer y que han sido acondicionados con todas las facilidades tecnológicas para producir óptimos tratamientos y muchas veces soluciones definitivas cuando el diagnóstico es temprano.

Capítulo 6

Ana Luisa y el síndrome de Auschwitz

*Si no está en tus manos cambiar
una situación que te produce
dolor, siempre podrás escoger la
actitud con la que afrontes ese
sufrimiento.*

VIKTOR FRANKL

Psicoterapeuta austriaco

❧

ERA JUNIO DEL 2002 CUANDO iniciaba mis tratamientos. Me presenté acompañada de Julio y mis hijas a mi primera aplicación de quimioterapia al hospital Mercy, situado frente la bahía de Biscayne, en Miami, donde conocí a una guatemalteca que terminaba ese día sus tratamientos y que había salido muy bien de ellos porque su última medición de marcadores indicaba que estaba libre de cáncer. Sin saberlo nosotros, ella era la esposa del ejecutivo del amigo que nos había comentado que estaba siendo tratada con éxito en la clínica del Dr. José Noy; su nombre era Ana Luisa de Barrios, y me hice gran amiga suya.

A Ana Luisa le diagnosticaron el cáncer de seno en abril del 2001, casi un año exacto antes que a mí, cuando tenía 37 años y compartía su hogar con su esposo, Mynor Barrios, a quien amaba. Era madre de tres hermosas niñas, María Laura de cinco años, María José de cuatro años y María Luisa de un año.

Ana Luisa fue muy generosa dándome una serie de recomendaciones que luego me fueron útiles. Ella, a diferencia mía, viajaba entre Guatemala y Miami para cada tratamiento, pues sus hijitas estaban muy niñas aún y su esposo era responsable de una operación empresarial muy importante, que no podía abandonar. Debo reconocer que era muy fuerte y valiente, pues los tratamientos —como posteriormente comprobé— eran devastadores. No sé cómo era capaz de ir y venir entre ambas ciudades, soportar las dos horas y media de vuelo y sobrellevar el debilitamiento al que te conducen inexorablemente estos tratamientos. Lo que era evidente es que lo había hecho y lo había logrado. Era admirable.

Nos hicimos buenas amigas. Uno de los fenómenos que ocurren con esta enfermedad es que le das una valoración distinta a muchas cosas, y entre ellas la amistad se convierte en un acontecimiento muy particular. Cuando enfermas, inmediatamente te das cuenta de quiénes son tus amigos de verdad y quiénes no, y eres capaz de establecer una relación de amistad genuina casi inmediata con aquellas personas que sufren al igual que tú. Así me ocurrió con Ana Luisa.

Como dije, cuando yo llegaba a la clínica para iniciar los tratamientos, ella salía terminando y con un pronóstico muy optimista de haber vencido la enfermedad, pero sólo un año y tres meses después me tocaría visitarla en el hospital en la ciudad de Guatemala, sufriendo una ascitis (retención de agua en el abdomen), producto del retorno de la enfermedad, esta vez con metástasis a varios órganos de su cuerpo. Rezamos juntas en aquella oportunidad, pues de verdad nos queríamos mucho, nos habíamos solidarizado una con la otra como si de compañeras de un equipo de futbol se tratara. Semanas más tarde, había partido, exactamente el 20 de julio de 2003, a los cuarenta años, que había cumplido en febrero de ese año. Me dolió muchísimo… pensaba en Mynor, su esposo, y en las tres Mariítas que en ese momento ya tenían siete, seis y tres años, respectivamente.

Me agobiaba pensar en el vacío que dejaba en sus vidas y me era imposible separar mentalmente mi caso del de ella, aunque yo me encontraba verdaderamente bien en aquellos momentos. Su caso y el de su hogar me hacían pensar en el mío, en Julio y mis hijos.

No podía dejar de mencionar en este librito a esta fugaz pero maravillosa amiga que sólo se adelantó y con quien seguramente me volveré a ver. Por aquellos días, al inicio de los tratamientos, se inició también un proceso de aprendizaje que no se ha detenido ni un solo día en estos cinco años y que comenzó precisamente con mis conversaciones iniciales con Ana Luisa de Barrios. Trataré de poner en orden mucho de ese aprendizaje a fin de ir transmitiéndolo a mis lectoras y lectores, pues en esencia es uno de los objetivos de este librito.

Algo que queda claro es que a quienes somos pacientes de cáncer nadie nos ha enseñado cómo debemos comportarnos, y entonces somos novatos en todo. Por ello me esfuerzo en dejar estas líneas escritas, para quien las necesite, y lo hago con todo amor y dedicación para alguien que nunca conoceré pero que desde ya amo. Me esmero en compartir vivencias, así como temas muy puntuales, porque pienso que ambas cosas son importantes.

Con el tiempo fuimos descubriendo con Julio, mi esposo, una especie de protocolo o ruta lógica a seguir y que nosotros nunca tuvimos, por ejemplo, cuáles serían los aspectos clave que cualquier persona debería tomar en cuenta para iniciar su aproximación a una solución de tratamientos en esta enfermedad. Por decir algo que parece obvio, nunca olvidarse de que usted es la persona más interesada en su propia salud. Nadie más, ni su ser más amado, puede sustituir los niveles de prioridad que usted se da y debe darse a sí misma.

Usted como paciente es el medio de comunicación más importante con los médicos. Por lo tanto, es crítico que se tome el tiempo de ordenar su historia médica de tal manera que pueda explicarle a los doctores todo lo que usted sabe sobre su salud a lo largo de su vida.

Entre otras cosas debería incluir: todas las medicinas que esté tomando, las dosis y frecuencias y las razones por las que las ingiere; nombres de médicos a quienes haya consultado recientemente, nombre de su médico de cabecera, dirección de sus clínicas u oficinas y los números de teléfono. Es importante no olvidar los motivos que la llevaron a consultarlos. Nombres y teléfonos de cualquier especialista que haya consultado. Hábitos de salud, que pueden comprender fumar, tomar alcohol y/o uso de drogas, ejercicios, memoria. Todo tipo de problemas o cambios en su condición/estado de salud. Los antecedentes de salud de su familia. Cualquier tipo de suplementos que pueda estar tomando. En fin, todo lo relativo a su salud de manera integral.

Es crítico y muy importante que escuche atentamente al médico consultado y que comprenda las explicaciones que le brinde. Si tiene inconvenientes en comprender la terminología médica, vea si algún miembro de su familia puede acompañarlo para ayudarla/o a entender mejor o para tomar notas. En mi caso, como ya les compartí, tuve la suerte de contar con la participación de nuestro tío Estuardo, que por ser médico nos ha acompañado en todo el proceso desde el inicio, lo que nos ha permitido un entendimiento muy completo.

Algo que pareciera poco importante, pero que se lo veíamos hacer a nuestro tío, era que se lavaba las manos muchas veces en el día, hasta que le preguntamos por qué. Allí comprendimos que el lavado de manos es una forma muy efectiva de reducir la transmisión de distintos tipos de enfermedades. Cada trabajador de la salud que tenga contacto directo con usted debiera lavarse las manos antes de cualquier tipo de examen o de tratamiento.

Los miembros de la familia y los amigos pueden ser grandes intermediarios de los pacientes. Vea la posibilidad de llevar un miembro de su familia o un amigo muy cercano con usted cuando consulte a un médico.

Algo que aprendimos es que a los médicos, en especial en Estados Unidos debido al volumen de pacientes que manejan, muchas veces les es difícil la comunicación de resultados de exámenes. En consecuencia, si el médico no le comunica el resultado de sus análisis, no entienda dicha falta de comunicación como una buena noticia. Llame a su médico y solicítele que le proporcione los resultados.

Luego, debe decirle que es muy importante aprender lo máximo posible respecto de su enfermedad. Pídale a su médico que se lo explique y asegúrese de utilizar fuentes confiables de toda la información que esté procurando. Hoy, con internet, uno puede acceder a fuentes muy confiables de información sobre la enfermedad, terapias, efectos colaterales de los medicamentos y cómo tratarlos.

Algo que aprendimos tarde pero que lo transmito con urgencia es las cosas que debe saber de su médico, por ejemplo: ¿en qué área de la medicina se ha especializado?, ¿dónde se formó académicamente? Si es cirujano, ¿cuántas veces al año efectúa el tipo de intervención que le han prescrito a usted? Usted no querrá estar en manos de un cirujano que efectúe pocas veces ese tipo de intervención, sino en las de uno que las haya hecho muchas veces. ¿A qué hospitales envía a sus pacientes y si entre ellos hay alguno que le es más cómodo a usted y su familia? ¿Su doctor cuenta con un teléfono para emergencias y puede ser localizado si se presenta una? Esto es muy importante, pues en muchos casos y en especial en Estados Unidos la mayoría de los médicos no atienden emergencias sino lo refieren directamente a las divisiones de emergencia de los hospitales.

Ya comenté sobre la suerte que tuve con mi gastroenterólogo, que nos atendió durante una emergencia muy seria en una madrugada en Miami, lo que no es usual y por ello hay que aclararlo desde un principio, en especial cuando se está bajo terapia anticáncer. Aquí es importante saber exactamente: ¿cuáles son los horarios de atención de su médico?, ¿cuál es la política del médico respecto de devolver los llamados telefónicos? y, si el médico no se encuentra disponible, ¿con quién debe hablar ante cualquier eventualidad?

Hasta aquí, mis primeras recomendaciones, que considero vitales cuando se inicia un proceso de esta naturaleza. Ahora les comento que mi tratamiento dio inicio el 3 de junio de 2002, curiosamente el día siguiente del cumpleaños de mi suegra, y por alguna razón inexplicable ese solo hecho me llenó de esperanza y valor. Es increíble que una señal simbólica como el cumpleaños de alguien tan amado para mí pudiera armarme de tanto valor frente a lo que se anunciaba como la gran batalla.

En efecto, las terapias recomendadas resultaron ser una verdadera batalla personal por la vida. Sus efectos colaterales, intransmisibles en toda su dimensión en este librito, me hicieron ver el hoyo negro en el que había ingresado y del cual debía salir no sólo bien librada, sino cuanto antes. Del 3 de junio al 16 de diciembre de 2002 viví lo que en una oportunidad le leí a un sobreviviente de cáncer cuando describía lo que es el tránsito por estas terapias. Lo llamaba el síndrome de Auschwitz, pues en esta enfermedad y sus tratamientos convencionales superar el sufrimiento supone estar en condiciones de afrontar más sufrimiento.

Así es. Jamás imaginé que se pudiera llegar a sufrir tanto con una terapia que se supone te va a salvar la vida. Tus niveles de vulnerabilidad emocional y física se elevan al máximo, como me dijo Ana Luisa, mi amiga, en una de las oportunidades que tuvimos de conversar largo:

—Elizabeth, esto que nos acontece nunca le pasa a las malas personas, sólo a gente buena.

Su frase me dejó marcada, y la verdad es que en efecto en todos estos años no he conocido a una sola persona en condiciones como la mía a la que se le perciba la maldad. Por el contrario, he conocido seres humanos excepcionales. ¿Será que todos sacamos lo mejor a partir de nuestra situación? o, acaso, ¿tendría razón la linda Ana Luisa?

Durante el paso por ese terrible espacio de tiempo donde somos sometidos a los famosos protocolos quimioterapéuticos, que he calificado como el síndrome de Auschwitz coincidiendo con el sobreviviente de cáncer que lo escribió en otro libro, se vive entre la depresión y la ilusión, meses de incertidumbre, meses de cansancio y debilidad, semanas de ansiedad, semanas de sentir un peso extraño en tu cerebro, donde parece que tu cuello no podrá ni siquiera levantarlo de la almohada en donde estás recostada.

De pronto se apoderaba de mí un afán, una obsesión por recuperar la normalidad, por volver a los días felices, y el hecho de no lograrlo me generaba altos niveles de frustración. Un día después de rezar el rosario a mi amada Virgencita, se me iluminó el pensamiento: debía aprender a convivir con la enfermedad de la mejor manera, y cuanto antes mejor. Nadie te explica cómo hacerlo, pero debía hacerlo y confieso que, aunque fue muy difícil, no sólo lo logré sino que fue la mejor idea que pude tener. Pasé de compadecerme a mí misma a ser proactiva y optimista, algo que no me era difícil, ya que convivo con un optimista rematado que me daba aliento todo el tiempo y me recordaba que estaba viva, aunque los efectos de las quimioterapias me hicieran percibir que moría poco a poco.

La bomba atómica, como bauticé los cocteles de terapias químicas, fue integrada básicamente por estas medicinas que escribo a continuación. Es bueno que lo deje escrito, puede serle útil a alguien.

Adriamycin 60 mg/m^2 + Ciclofosfamida 600 mg/m^2 IV llamado Cytoxan, cada 3 semanas × 4 ciclos suministrados desde 6/02 al 8/02.

Docetaxel, conocida como Taxotere 30 mg/m^2 IV semanalmente x 12 dosis suministradas del 9/02 al 12/02.

Ácido Zoledrónico 4 mg IV continuado en el tiempo.

Este último, llamado comúnmente Zometa, es un fármaco muy especial recomendado para pacientes como yo, con una metástasis a los huesos, porque el medicamento busca fortalecerlos y ayudar en el proceso de cicatrización de las lesiones curadas por la quimioterapia. Es sencillamente fantástico: en estos cinco años, jamás he tenido un solo incidente con mi poroso esqueleto y sin duda se lo debo al Zometa.

¿Qué pasó conmigo durante mi experiencia con el síndrome de Auschwitz? Pues mucho. Se me cayó el ciento por ciento de mi cabellera y el vello en todo el cuerpo, quedé calva. Mi esposo, mi hijo, mi cuñado y mi sobrino Prescott se rasuraron la cabeza en solidaridad, y en medio de lo terrible que la pasaba teníamos espacio para reírnos. Padecía náuseas y vomitaba sin tener nada que vomitar; en ocasiones los vómitos venían acompañados de diarrea y severa pérdida del apetito, tos, escalofríos, dolor de espalda y en los lados del tórax, así como úlceras en la boca.

Cuando llegó el turno del Taxotere, estuve muchas veces en riesgo de sufrir de supresión de la médula, de infecciones debido a la supresión de la médula, de retención de fluidos para lo cual me aplicaban esteroides intentando prevenirla. No obstante, la retención de fluidos continuaba ocurriendo.

¿Y cómo enfrentábamos estos devastadores efectos? Lo primero, rezando el rosario. Cuando no tenía fuerzas, Julio o mis hijas se sentaban a mi lado a rezarlo. Era milagrosa esa práctica... no habían pasado cinco minutos rezando y los malestares mejoraban sustancialmente. Luego, para combatir la espantosa náusea, nos recomendaron las olivas negras en aceite; para las úlceras en la boca, enjuagadientes con agua y sal; para el decaimiento sólo hay una solución, sobredosis de amor, y yo afortunadamente lo tenía. Me llegaban correos electrónicos de amigos en Guatemala, España, Panamá, Costa Rica, México, de mis tías, en California y Nueva Orleans, artículos de periodistas amigos que escribían públicamente dándome ánimo, y por supuesto la presencia y el cuidado de mis tres hijos y mi marido, mis papis y mi hermana querida, en la distancia mis suegros y mis hermanas Karla y Tita. En fin, toda mi bella familia.

Por supuesto, tuve otros apoyos, de carácter medicinal y terapéutico, para controlar la náusea. Por ejemplo, me administraban Zofran, una droga antiemética que ayuda a evitar las náuseas y el vómito, y luego puse en práctica otras recomendaciones que me ayudaban bastante: aprendí algunas técnicas de relajación para controlar la náusea, comía poco pero trataba de hacerlo frecuentemente y por supuesto no ingería ni dulces ni alimentos fritos o grasosos.

Algo que es crítico es evitar al máximo los olores fuertes en casa, por lo que las comidas se pueden ingerir frías o a temperatura ambiente para evitar el olor. Luego, ingerir mucho líquido, agua o jugos no muy dulces, como el de manzana. Por supuesto, cero alcoholes.

En cuanto a la pérdida del cabello que se presenta principalmente con la quimioterapia que incluye Adriamicina, me dieron varias recomendaciones, por ejemplo peinar el cabello delicadamente y utilizar champús suaves, nada de permanentes y cepillos muy blandos.

Yo seguí una ruta muy práctica: primero me recorté el cabello y cuando sentí que se caería, le pedí a mi esposo que me lo recortara al máximo, de tal suerte de no verme perdiendo a pedazos mi lindo cabello. Luego me compré una peluca muy parecida a mi cabello corto original y a veces cuando hacía mucho calor utilizaba pañolones o sombreritos.

Los tratamientos pueden provocar anemia, y poco se puede hacer, aunque los oncólogos, en caso de pérdida de glóbulos rojos, casi siempre van a aplicar una droga muy efectiva que se llama eritropoyetina (yo la conocí como Epogen). Ayuda, por ejemplo, descansar bastante, limitar actividades y tener familiares que ayuden con las tareas. Al levantarse cuando esté sentada o recostada, hay que hacerlo despacio para evitar los mareos.

Algo que es muy importante es prevenir las infecciones, ya que las quimioterapias reducen la capacidad del cuerpo para defenderse por la pérdida de glóbulos blancos y una infección en esas condiciones puede agravar la situación muy rápidamente. Entre otras recomendaciones que recibí y que me parece muy útil transmitir en este librito es, primero, evitar raspaduras y peladuras menores. Yo, por ejemplo, utilizaba guantes para cocinar o para trabajar en mi jardín, ya que una raspadura va a permitir el ingreso de bacterias en el cuerpo.

Hay que evitar al máximo la cercanía de personas con resfriados u otras infecciones contagiosas, niños que hayan sido vacunados recientemente o multitudes. Y lavarse las manos con frecuencia durante el día puede ser de gran ayuda.

Quiero contarles que antes de iniciar el tratamiento nos conocimos con la ex esposa de un amigo, aquí en Miami, que había pasado por lo mismo y, según nos compartió, ella salía a trabajar bajo esas condiciones, sin dejar de hacerlo ni un solo día durante los cuatro meses que duró su tratamiento. Después de hablar con ella, me dije: "Yo también lo haré como ella". Siempre he tenido el umbral del dolor muy alto y he sido fuerte. Debo reconocer que en esta oportunidad no pude. Fue demasiado. Admiro a las mujeres que conocí y, me consta, lo sobrellevaron mucho mejor que yo: son verdaderas heroínas anónimas, grandes mujeres que enfrentaron esta enfermedad como enormes guerreras. Mi homenaje y amor por todas ellas.

Con el tiempo, descubrí que llevarme mi CD player y después mi iPod a las aplicaciones de quimioterapia me servía mucho, me relajaba y me daba alegría.

Escuchar música ha sido una constante en mi vida y más aún todo este tiempo. De verdad la disfruto mucho. En Miami redescubrí a Celia Cruz y, aunque la perdimos hace poco, ha sido una gran acompañante, e igual escucho al sensacional Marc Anthony, a Willy Chirino, Gilberto Santa Rosa, Luis Miguel, Miguel Bosé y el fabuloso Juan Luis Guerra, con su "Ojalá que llueva café"; a Yani, Enya, Nancy Rumbel y George Winston, Andrea Bocelli, Il Divo, a David Bisbal, Juanes, Sin Bandera, Francisco Céspedes y su "Vida loca", Shakira, Rosario Flores, con su "Cómo quieres que te quiera"; Anita Baker, Sade, nuestro orgullo guatemalteco Ricardo Arjona, con su "Señora de las cuatro décadas".

También, los inseparables discos de jazz y música new age de mi marido, empezando por Kenny G, Grover Washington, Jr., David Grusin, Earl Clug, Ramsey Lewis, James Brown, nuestro amigo Roberto Perera, Diane Schuur, Diane Krall, David Benoit, Stan Getz, Antonio Carlos Jobin, el gran Caetano Veloso, Ottmar Liebert, Astrud Gilberto, Lee Ritenour, Al Di Meola, Eumir Deodato, João Gilberto, Larry Carlton, Arturo Sandoval, Chris Botti, Michael Buble, Frank Sinatra, Linda Rondstadt, Yo Yo Ma, el flamenco de Gipsy Kings, Fourplay y otros. La verdad es que la lista es interminable y quisiera citarlos a todos, pues he escuchado más música que en toda mi vida, pero el espacio no

Al inicio de mi vida, de la mano de mi mami, por las calles de la ciudad de Guatemala.

El día de mi matrimonio, 17 de marzo de 1979, con quien ha sido un inseparable y amoroso compañero.

En 1989, con mis tres hijos, en nuestra casa en Miami, recibiendo y dando un amor que siempre ha sido muy fuerte entre nosotros.

El 7 de marzo de 1983, Su Santidad el Papa Juan Pablo II celebró una solemne misa en el Campo de Marte de la capital guatemalteca ante cerca de dos millones de personas. Julio, mi esposo, colaboró ad honórem con el cardenal Casariego, con monseñor Ramiro Pellicer Samayoa y con la oficina de prensa del Vaticano en la coordinación de la información relacionada con la visita. El cardenal Casariego nos otorgó el enorme privilegio de ser dos de las cien personas que recibieron la sagrada comunión de manos de Su Santidad en ese histórico servicio litúrgico. En estas dos gráficas, desciendo del altar con vestido celeste y mantilla; Julio recibe la comunión.

En el 2007, celebrando el cumpleaños de mi eterno novio y quien me ha dado enorme fuerza para luchar con fe.

Durante una celebración familiar, con mi linda suegra, Amy, y mis hijas Alexandra y Vanessa.

Aquí, con mi hermana Arleen, quien todos estos años ha estado pendiente de mí, dándome mucho amor, el cual —ella lo sabe— es recíproco.

Al centro de la foto, mi oncóloga y amiga, la Dra. Alejandra Pérez, una de las grandes especialistas en cáncer de seno en Estados Unidos, científica formidable y, ante todo, un ser humano extraordinario. La acompañan, a su izquierda, las doctoras Aruna Mani y, a su derecha, Carmen Calfa, miembros del equipo en el Memorial Brest Cancer Center.

Al final del programa de televisión "Despierta América", de la cadena Univisión, en donde se habló de la vida después del cáncer y de las facilidades que presentaba el centro de cáncer de mama del hospital Memorial en Hollywood, Florida. En la foto, de izquierda a derecha, Dra. Sandra Franco y Dra. Alejandra Pérez, codirectoras del centro; Giselle Blondet, conductora del programa, y, conmigo, Brunilda Timor, ambas invitadas como sobrevivientes de cáncer de mama.

En la primavera del 2001, ganando la carrera familiar que nos organizó nuestro entrenador en el Hilton Head Health Institute, en la isla de Hilton Head, Carolina del Sur.

Al finalizar la carrera familiar en Hilton Head hubo medallas para todos. Aquí, con nuestro entrenador.

En el 2001, en la zona de búngalos de nuestra casa en Puertas del Mar, en la costa del Pacífico guatemalteco.

En la Navidad del 2005, en Miami, con mis hijas y mis papás.

Foto de familia en el jacuzzi de nuestra casa en Puertas del Mar: hijos, cuñadas, concuños, sobrinos, suegros, esposo e hijos, todo lo que he necesitado y me ha hecho inmensamente feliz.

Disfrutando con la familia de un típico fin de semana en Puertas del Mar, en la zona de la piscina.

Este tour fotográfico de mi vida, mis momentos y mis grandes amores no puede estar completo sin presentarles a un leal y fiel compañero, a quien quiero muchísimo: es mi perrito maltés, *Tobby*.

Uno de tantos fines de semana a bordo del yate de pesca *Bora Bora*, con mi esposo, navegando en el Océano Pacífico, rumbo a un área de pesca de pez vela.

Éste es el paisaje de volcanes que les relataba en el primer capítulo de este librito, que se divisa desde mar adentro, frente a las costas de Guatemala, en el Océano Pacífico.

Con mi esposo, Julio, en París, al inicio de los Campos Elíseos.

En la semifinal del campeonato mundial de futbol, en 1994, en el Giants Stadium de la ciudad de Nueva York. El partido fue entre Bulgaria e Italia; yo me integré a la barra de los italianos por solidaridad, ya que el origen de mi familia paterna es Lugano, en lo que llaman la Suiza italiana. Julio, mi esposo, era un espectador sorprendido de mi entusiasmo por el equipo de Italia.

Fotografía del colegio Surval Mont-Fleuri, en Montreux, Suiza, donde estudiaron mis dos hijas, pueblito donde pasé días inolvidables con mi esposo.

Fotografía de la vista que se tiene del imponente Lago Leman, también conocido como Lago de Ginebra, desde las habitaciones de las alumnas en el colegio Surval Mont-Fleuri, en Montreux, Suiza.

Durante el viaje del colegio Surval que realicé por el Medio Oriente con mi hija Vanessa. Aquí, frente a las pirámides de Egipto.

Siempre en el mismo viaje, esta vez frente al Río Jordán, en el sitio donde, se cree, fue bautizado Nuestro Señor Jesucristo.

Frente a la ciudad balneario de Kusadasi, en Turquía.

Frente a la famosa Fontana de Trevi. Roma fue la etapa final de mi viaje con mi hija Vanessa.

Con mi hija Vanessa, en ese viaje inolvidable, frente a las ruinas del edificio de la Tesorería, el más fotografiado por los turistas en la ciudad de Petra, Jordania.

Esta fotografía, que también ilustra parte de la contraportada de este librito, tiene mucho significado para mí: me la tomó mi esposo durante nuestra visita al observatorio en la cima de una de las Torres Gemelas de Nueva York, en el 2000; un año más tarde, serían destruidas en aquel espantoso ataque terrorista del 11 de septiembre.

En enero del 2002, en Washington, D. C., con mi esposo, presentando nuestro saludo al presidente George W. Bush y a su hermano, nuestro amigo Jeb Bush, que en aquella ocasión estaba en campaña como candidato a gobernador de la Florida, la cual ganó.

Mi amiga Ana Luisa de Barrios, con sus tres hijitas, María Laura, María José y María Luisa. Como les relaté, ella partió en julio del 2003, a la edad de cuarenta años, pero no quería dejar de tenerla presente en este tour fotográfico de mi vida. Ana Luisa fue fuente de inspiración y una guía importante en mi difícil trayecto.

Con nuestros queridos amigos, Carlos Alberto y Linda Montaner, durante la visita que les hicimos en España en noviembre del 2001.

A mediados del 2003, visitando a mis suegros y cuñadas en Guatemala. Todos me han dado gran apoyo: esta foto ilustra claramente la unidad familiar, a la que Julio y yo nos referimos en el programa de Univisión "Despierta América", al que fuimos invitados años después para hablar de la vida después de un diagnóstico de cáncer.

A mitad de la batalla del año 2002. Durante el proceso de quimioterapias, nunca dejé de sentirme optimista; evidentemente, Julio me daba enorme ayuda.

Con mi hija mayor, Alexandra, en las ruinas de Capuchinas en la ciudad de Antigua, Guatemala, durante uno de los recesos de la sesión fotográfica de la boda de su hermana Vanessa.

En un receso de la sesión de fotografías de la Antigua, Guatemala, con Alexandra y Vanessa.

Con mis tres hijos, el día
de la boda de Vanessa, en
la ciudad de Guatemala, el
24 de septiembre de 2005.

Con mi hijo Julio Enrique, el día de la
boda de su hermana.

Un vals inolvidable con Julio, mi
marido, en la boda de nuestra hija
Vanessa con nuestro querido hijo
Iván Illescas.

He tratado por todos los medios de llevar una vida lo más normal posible, haciendo lo que otros hacen. Aquí, feliz visitando a mi hijo Julio Enrique en la academia militar de Culver, en Indiana. Julio asistió tres años a los campos de verano, donde aprendió a volar aviones monomotores.

Durante un almuerzo en el Año Nuevo del 2004, con nuestros entrañables amigos Otto y Mariolga González; ellos nos visitaron especialmente, ya que viven en Riad, Arabia Saudí, donde Otto imparte clases en la Universidad King Fhad y ejerce su profesión de odontólogo especializado en niños desde hace más de veinte años.

Celebrando mi cumpleaños en el 2006; eran días de gran alegría: mis marcadores tumorales parecían estar bajo control.

La gran sonrisa es porque yo había estado insistiendo en tomar clases de baile, y ese día, de mi cumpleaños, Julio me hace entrega del contrato de las clases, a las que asistí con gran entusiasmo: siempre me ha gustado bailar.

Disfruto mucho visitando la playa con Julio, mi esposo. En esta foto, nos encontramos en Palm Beach, un sitio que visitamos con frecuencia y que me genera gran relajación, por lo apacible de la ciudad.

Una de mis pasiones, la cocina. Aquí, en el 2007, en mi casa de Miami, el día de Acción de Gracias, cuando cocino el pavo para toda la familia.

El 8 de agosto de 2008 cumplí cincuenta años, lo que para mí ha sido una meta importante. Julio me los celebró con una fiesta sorpresa, en el hotel Mandarín Oriental de Miami, a la que hizo que todos fueran vestidos de lino blanco. Aquí, con parte de la familia que llegó desde Guatemala.

Durante la celebración de mis cincuenta años. Heme aquí, con Karla, mi cuñada, y mis dos hijas.

En un frío noviembre del 2007, en espera de entrar al show del Cirque du Soleil, durante la visita a mis hijos Iván y Vanessa, en Washington, D. C., donde residen. Nos acompañaron Alexandra y Julio Enrique.

Mi familia feliz me abraza y celebra mis cincuenta años. Esta foto es en el momento en que me están mostrando la torta de cumpleaños.

Aquel refrán que dice:"vive el día de hoy como si fuera el último", lo he aplicado al ciento por ciento durante todos estos años. Les presento esta fotografía, en la que estoy brindando con una mimosa (champagne y jugo de naranja) en South Beach, en el verano del 2006, como un símbolo de lo que todas y todos podemos ser con sólo proponérnoslo. Ser felices y vivir en paz es más fácil cuando se tiene fe y se ama a Dios.

daría. La mera verdad es que todos y todas me han acompañado y me han ayudado muchísimo, por lo que recomiendo a mis lectores vivir con música en sus vidas, por ser algo ciertamente muy estimulante y estabilizador del espíritu.

Así pasó ese 2002, que gracias a Dios terminó y fue el 2003 el año de la recuperación y del descubrimiento de la medicina alternativa, de la medicina integrativa, de la medicina oriental, llámela como quiera, pero ella está allí al servicio de todos. Deberíamos saber más de ella, como les contaré más adelante.

Capítulo 7

El Amor, el arma más potente

Cuando mi voz calle con la
muerte, mi corazón te seguirá
hablando.

RABINDRANATH TAGORE
Escritor y filósofo hindú

I LOS DÍAS DE INCERTIDUMBRE e indescriptible sufrimiento físico parecían apagar mi cuerpo, el amor rebosante de mi entorno fortalecía mi espíritu y me daba la fortaleza para seguir adelante. Despertar cada mañana y abrir los ojos se tornó en un acto impresionantemente valioso. No sólo era vivir, sino recibir amor, atención y todas las muestras imaginables de servicio que jamás pensé valorar tanto.

Mi esposo, por ejemplo, siempre sonriente y bromista durante el noviazgo y a lo largo de todos nuestros años como esposos, soportó en silencio la carga de sobreponerse a la angustia del tratamiento. Sus ojos reflejaban mil veces algo que siempre estuvo en él, pero que nunca como durante esta lucha contra el cáncer vi tan a flor de su espíritu. Sentí su amor de amigo, novio y esposo. Sentí su solidaridad y, si nunca lo había escrito, sentí que en verdad somos el uno centro de la vida del otro.

Mis hijos también me daban la sonrisa y el valor para seguir cada día encontrando todas las razones para luchar y correr con los tratamientos. Saberlos allí se convirtió en un recuerdo, porque supieron hacer de cada uno de mis días una muestra de amor y madurez. Sé que detrás de sus sonrisas y el incansable cuidado está siempre el dolor que llevamos como familia, pero, más importante que el dolor, está siempre el amor que creció cada día, a cada momento y en cada gesto que compartimos.

Cuando comencé a escribir este librito, señalé que muchas mujeres sufren de soledad cuando llega el momento de afrontar el cáncer. No sé si mucho de eso nace en el natural instinto de proteger a quienes amamos, del dolor y los claroscuros de luchar constantemente contra una enfermedad como el cáncer. La vida se escapa por momentos y sólo la esperanza en el futuro y el calor del amor hacen que esa ruta sea soportable. Vi cuadros tristes de mujeres valientes negándose a compartir el dolor, pero también debo confesar que vi muchas mujeres alejadas, no por voluntad propia, de sus amores.

Me pregunto entonces qué es lo que hace la diferencia entre enfrentar el cáncer y la vida con amor o sin él. Alguna vez mis amigas más cercanas compartieron conmigo la admiración por mi familia y su inquebrantable fe. Y les dije que aun sabiendo que el destino podía ser difícil, nunca he perdido la esperanza de vivir todos los días rodeada de amor. Soledad, jamás; abundancia de amor, siempre.

Sin duda, sentir esta ilusión por ver a mi familia y amigos, a mi esposo e hijos apoyándome siempre han hecho grandes diferencias. Aunque en esta jornada hay momentos de tristeza, hay muchos momentos de alegría y amor que compensan el rigor de esta batalla. Mi ánimo siempre positivo, y mi deseo de llegar al otro día, al otro mes, al otro año, hacen que escribir estas líneas sea posible.

Por eso, el brillo limpio y enamorado de los ojos de mi esposo fue la luz más brillante en cada amanecer. Siempre supe que él estaba allí, con mis hijos al lado, dándome toda la fortaleza e ilusión para que estos días sean lo que en verdad han resultado ser: un tributo a la vida, un resumen de valor, un abono de alegría para vencer al dolor, la tristeza y la incertidumbre que impone esta lucha contra el cáncer.

Debo reconocer que no todo el amor vino de mi familia. Aunque es absolutamente determinante saber que cada día alguien te ama y se preocupa por tu avance, el amor en todas las personas que nos rodean durante el proceso muchas veces hace la diferencia, abismal, en el ánimo con el que comenzamos el día y caminamos hacia las noticias y los momentos apremiantes. Recuerdo, por ejemplo, haber sacado fuerzas de flaqueza para compartir con más de alguna otra mujer que lucha contra el cáncer la ilusión de triunfar. Hoy entiendo que ese apoyo que nos dimos aun con gente que al principio no conocía mucho hacía la diferencia entre llegar con resignación o entusiasmo a los meses, los días, las horas y los minutos críticos en esta batalla.

Amar… aprendí que hoy el amor ayuda a nuestro organismo para aprovechar al máximo lo que la medicina propone. Disponer de fuerzas para todo y envolver esa fuerza en una sonrisa, en un abrazo, marca la diferencia en muchos casos. En el mío, que es el que conozco con total profundidad, prepara mi ánimo para todo. Sin miedo extremo y con mucha fe, camino cada día en busca de una solución que me permita pasar la página y superar estos momentos. Inocultable resulta el momento de soledad que nos llega; desarropa nuestra alma y nos enfrenta a lo incierto, a las estadísticas y al camino, muchas veces oscuro, del cáncer.

Hoy lo puedo enfrentar como nunca antes: no hay soledad si hay amor. Aun a distancia, por teléfono o con cualquier mensaje, el amor condiciona el ánimo y la esperanza para librar todas y cada una de las batallas como si fueran la primera y la última. Si sumo el amor, entiendo la vida, pienso a cada momento. Por eso comparto estos pensamientos con todas las personas que viven el cáncer, ya como pacientes, ya como familiares o amigos. En soledad y abandono, la lucha se empieza a perder antes de iniciarla, porque sin cariño, sin amor, sin solidaridad, los días deben sentirse largos y más dolorosos que jamás antes.

¿Y de la angustia? Si algo he aprendido de cuanto me ocurre en este proceso, es que la angustia huye cuando el amor llega. El horrible peso de la enfermedad y su prognosis aplastan el ánimo y traen al pensamiento las historias más tremendas de pacientes, familiares y médicos. La mente juega un tremendo papel cuando queda vacía y desprotegida ante el dolor, y la angustia del saberse sin mañana y sin una razón para seguir agobia el espíritu y atrae la angustia más desgarradora. Esto lo supe al ver casos de personas con procesos como el mío, pero en abandono o con escasos atención y amor.

Escribo estos pensamientos con mis seres amados en mente. La cercanía espiritual que esta batalla contra la enfermedad crea es la luz con que amanece en las almas. Saberse amada sin condición ni límite, aun consciente de que éste es un problema gravísimo para la salud, está haciendo que encuentre valor para ver mi evolución con esperanza. Amando a mi esposo, amando a mis hijos y a todos quienes me alimentan con tanto amor encuentro sentido a la vida, especialmente ahora que lucho con todas mis fuerzas para vencer.

¿Y mi Dios? ¿Y el amor inmenso que implica la fe? En muchos momentos he sentido desfallecer; no lo puedo negar. Hay momentos en que la batalla médica es salvajemente fuerte, y siento que algo se quiere desmoronar. Pero, casi al momento de sentirlo, encuentro en el amor de muchas personas que, orando, me regalan infinito amor. Allí completo mi fortaleza y sumo a lo inmensamente amada que me hace sentir mi esposo, mi familia y quienes comparten este esfuerzo.

Dedico un capítulo especial al tema de la fe en este librito. Es mi deber mencionar el amor de muchas personas amigas y hasta desconocidas a través de la oración. Al leer estas líneas mucha gente comprenderá que sus oraciones hacen milagros, porque llevan amor a quien mucho necesita en la batalla contra el cáncer. En esto yo soy un testimonio de fe: mucha gente me fortalece cuando ora por quienes estamos ante el cáncer, y, sin duda, muchas personas lo hacen pensando en cómo hacer para que este esfuerzo sea manejable y fructífero. Yo les digo que han dado amor orando, han dado amor pensando y han dado amor a quien más le urge ante el riesgo de perder la lucha contra esta enfermedad.

Estos días de amor llenan mi vida. Y si llenan la mía, como me dice mi Julio, puedo llenar la de muchas personas con quienes transitamos el camino del cáncer. Sonriendo, luchando, positivos y siempre sabiéndonos importantes para alguien, podemos hacer que el milagro ocurra en cada paso que damos. Creo hoy más que nunca que eso está haciendo la diferencia; escribo estas líneas pensando no en el final, que nos alcanzará a todos de una u otra manera; escribo más con la ilusión de verme reflejada en los ojos de mi esposo, en la sonrisa de mis hijos y en la solidaridad de quienes me hacen sentir su amor en cada gesto. Esa ilusión está dándome valor y si usted conoce a alguien que esté viviendo este mismo capítulo en su vida, comparta y pregunte cuánto nos fortalece desafiar la vida sabiéndonos amados. La respuesta será sorprendente: al compartir con la gente que rodea el mundo de la batalla contra el cáncer encuentro bondad, serenidad y, sin duda, amor del más genuino.

Si amar es la medicina del alma, las cosas pequeñas de la vida también nos dejan una lección de amor. La vida encierra maravillosos momentos plenos de amor. La atención esmerada con que tuve la fortuna de ser atendida me dice que algo superior a todo mueve el corazón del personal médico y paramédico, que también participa de este esfuerzo por vivir. Sus gestos diarios y la sonrisa en el momento justo están siendo mi ayuda en esos momentos en que quedo en soledad durante el tratamiento. Si mi esposo e hijos no pueden estar físicamente en estos momentos, es la gente que nos atiende la que lleva amor en su acción, sus gestos y su comprensión. Al final, más que ayuda, más que apoyo, lo leo como amor, amor del bueno que se entrega a quien más lo precisa.

Por eso digo incansablemente que, al igual que otros problemas de la vida, el cáncer se puede enfrentar mejor con amor, porque es la fuerza del alma de quien amamos la que nos ayuda a no desfallecer en el momento crítico. Sin amor, no hay solidaridad, apoyo ni compañía. Sin amor no hay música comprensible ni disfrute en el silencio. Sin amor, los días no se entienden y el desafío puede convertirse en martirio. Por eso, clamo para que en esta batalla el amor sea en abundancia hacia quienes enfrentamos al cáncer.

Sé que a muchas personas sorprenderán estas palabras pidiendo amor para quien enfrenta el cáncer. Pero escribo esto luego de compartir charlas con quienes no siempre estuvieron tan apoyadas como yo por la maravillosa familia que nuestro Dios puso en mi camino. Ellas, que compartieron la angustia y me hicieron valorar cada latido del corazón de quienes me aman, lo que me permite llorar de felicidad cuando veo un gesto amoroso hacia alguien que, como en mi caso, libra todos los días la gran batalla por vencer al dolor de este mal.

Siempre creí en amar por sobre todas las cosas. Tengo en mi marido al amigo y eterno romántico; en mis hijos, al humor y la fortaleza; en mis padres y hermanos, la solidaridad, y en mis amigos, el apoyo incondicional y el ánimo para salir delante de todos los retos. Y todos ellos tienen algo más que ahora pesa infinitamente: su amor por mí, su esperanza en mi futuro, su plegaria por mi recuperación, su sonrisa llena de esperanza. Pienso: ¿qué sería de mí sin todo ese mar de paz y energía que me acompaña en los momentos complicados? ¿Qué sería de todas las otras mujeres que llegan solas a estos momentos?

Si de algo pueden servir estas líneas, que sea para compartir esta lección de vida escrita con el más puro amor. Compartamos. Luchemos. Ríamos. Avancemos. Desafiemos el dolor y la incertidumbre, porque sin hacerlo el tiempo cuenta al revés y roba las sonrisas, las esperanzas y dificulta el proceso.

El cáncer es un momento que nos puede alcanzar a cualquiera en la vida. Luchar en soledad es posible, pero si contamos con la magia del amor, si contamos con quienes nos aman, la lucha será más que posible.

Cierro este capítulo agradeciendo todo gesto de amor de mis amigos, de quienes me atendieron, de mi familia, de la vida...

Lo cierro dejando testimonio del amor de mi esposo e hijos. Sé que para ellos, tanto como para mí, luchar contra el cáncer está siendo la vitamina más grande para que nuestro amor crezca más allá de lo que alguien pueda imaginar. Más allá de la esperanza, más allá del dolor, más allá de la vida después de esta vida, amar es un privilegio, y sentirse amada, una bendición de la vida. Compartamos el amor, compartámoslo especialmente con quienes luchan en cualquier parte del mundo contra esta y muchas otras enfermedades.

Capítulo 8

La Virgen, mi compañera inseparable

El fruto del silencio es la oración.
El fruto de la oración es la fe. El
fruto de la fe es el amor. El fruto
del amor es el servicio. El fruto
del servicio es la paz.

MADRE TERESA DE CALCUTA

NACÍ EN EL SENO DE una familia católica. Respetuosa de Dios, encontré en Nuestra Señora, la Virgen Santísima, la ruta para conocer la bondad incomparable del amor del Ser Supremo hacia nosotros, sus hijos. Bajo esta idea di mis primeros pasos en la vida: la entrada al colegio Monte María, dirigido por la congregación de los Maryknoll, mi crecimiento de niña a jovencita, mi escuela secundaria y mi graduación. Luego, mi vida en matrimonio y ahora, este capítulo ante la enfermedad. En todo momento he sentido la mano protectora de la Virgen, siempre generosa ante ésta, su hija, que en Ella ha tenido el consuelo y la protección ante la adversidad.

Entre recuerdos de dulzura y luz, hoy veo hacia esos momentos y comprendo lo correcto que resultaron esos primeros pasos para darme la posibilidad de creer en la Virgen del Rosario, patrona de mi país, y confiarle a ella mi vida en la alegría, en la ilusión y en el dolor.

Mi vida está llena de recuerdos especiales en la fe. Desde las simples y muy honestas peticiones en la niñez e infancia, hasta los ruegos por protección y salud para mi familia. Los años fueron pasando y todos me ilustran hoy acerca de la maravillosa bendición que recibí siempre de mi Protectora, la Virgen del Rosario. En estos momentos de enfrentar el reto de mi enfermedad, me acojo a la fe y veo hacia el pasado. Recuerdo, por ejemplo, los días de sonrisas e ilusiones cerca de mi matrimonio: conocer a mi esposo, convencerlo de practicar con devoción la religión, construir una familia bajo la orientación de la fe y mil y una cosas más.

Julio, mi esposo, fue siempre creyente, aunque reaccionario ante la presencia de un padre de un gran rigor cristiano. Me ha dicho siempre que mi papá debió ser cura, aludiendo a la insistencia de su suegro de que asistiera a misa los domingos para honrar a Nuestro Señor. Confeso católico y cercano amigo de evangélicos, fortaleció su relación con la religión en la época de nuestro noviazgo. La misa dominical, demostración permanente de disciplina y compromiso con la fe, se convirtió en parte del vínculo indisoluble de una familia que nacía.

Aunque, como dije, él también viene de una familia muy católica, el noviazgo fortaleció nuestras costumbres, pues mi mamá y yo no permitíamos un domingo sin ir a nuestra misa de las doce a la iglesia de Tívoli, en la zona 9 de la capital guatemalteca. Parte de la emoción de compartir era ese momento de comunión que igual él o yo hacíamos como pareja en proceso de formación o con nuestros padres. Sin duda eran los primeros pasos hacia un proyecto de vida que, nunca imaginé, llegaría a tener en la fe uno de sus más grandes pilares... y luego, mi vida como novia primero, y esposa después, de mi Julio.

Por su trabajo, Julio ha estado siempre muy activo. Entusiasta, se propuso desde hace mucho tiempo innovar muchas cosas, primero al frente de dos gremios de gerentes y empresarios, luego como periodista y más tarde como asesor político. En la realidad de mi país, Guatemala, muchos de esos cambios eran razón suficiente para ponerlo en peligro. Propuso, por ejemplo, que los candidatos presidenciales expusieran sus planes de gobierno ante los gerentes y directivos de empresa; eso ocurrió en una época en que las presiones sobre la democracia eran muy grandes. Julio organizó un primer e histórico debate en una elección que se daba en plena violencia. Fue en esa época cuando, a mis rezos cotidianos, comencé a sumar el clamor de madre y esposa que entiende el riesgo como parte de la vida diaria de su pareja. Noches interminables de oración, mientras él crecía profesionalmente, hicieron que mi corazón se sobrepusiera al sobresalto permanente de un país que crecía entre incomprensión y dolor. Entre esos sobresaltos, la oración constante me permitió enfrentar llamadas amenazantes, una bomba lanzada contra mi casa y otras cosas que aún hoy me hacen ver el pasado como una experiencia de la cual se aprende.

Cuidar de los hijos y aprender a vivir entre la esperanza y el valor de un esposo comprometido con sus ideales no fue cosa fácil. La vida de madre de familia a cargo de orientar a mis hijos se hizo relativamente fácil porque seguí el modelo de formación que compartíamos con mi esposo y que heredamos de nuestras familias. En la duda, la respuesta siempre estuvo en la religión, en la fe y en mi absoluta creencia en la Virgen. Su luz siempre marcando el camino y mis oraciones, fortaleciendo mi espíritu día tras día, noche tras noche.

Aprendí entonces el valor de la oración. Ni el tiempo ni los inconvenientes fueron suficientes jamás para desviarme de mi convicción de fe en mi Virgencita. A medida que la oración avanzaba en mi corazón, iba entendiendo la vida como una alegría en todas las cosas, en todos los logros. Los triunfos de los chicos en la escuela y de mi marido en el trabajo eran razón permanente de emoción. Y los momentos complicados, azarosos y peligrosos que implicaba vivir al lado de un innovador afianzaban más mi fe y mi compromiso de oración.

Lejos estaba, en esa etapa de mi vida, de saber cuán valiosos serían todos esos momentos de oración para preparar mi espíritu para el desafío de la enfermedad. Armada con mi inquebrantable fe salí al paso de muchas cosas. Exilio, limitaciones, privaciones, lucha… algunas veces, momentos de desconsuelo por sueños que como esposa y familia vivimos en más de alguna oportunidad. Pero la fe, esa bendición abonada en la oración diaria, siempre construyeron el pilar en que nuestros espíritus encontraron apoyo.

Y en medio de toda esa ilusión y de la compenetración con mi esposo e hijos, intenté crear un espacio personal de oración, que ahora comparto con usted, que se ha tomado el tiempo de leerme. Sin tener aún una pena como la de mi enfermedad, recurrí a la fe para alcanzar la paz y comprensión de un mundo que giraba a veces sin sentido. Veía tanto las alegrías como las tristezas propias y ajenas desde el cristal de una creyente. Y por ello, aprendí a que detrás de todo hecho, de toda lágrima o de todo enojo o tristeza siempre existía una luz de esperanza por un futuro mejor.

Mi contrafuerte en esto es mi esposo. Y con el paso de los años, la fe nos unió y preparó para el momento de la verdad. Llegado el periodo de dolor y diagnóstico de mi enfermedad, entendí el mundo de manera diferente a lo que conocía. La posibilidad de no completar mis sueños se hizo real, y dependía de mi actitud el camino a seguir.

Fue en ese momento cuando sentí la mano bondadosa de mi Virgen del Rosario. La fortaleza y devoción en la oración me hacía ver la noche como el preámbulo del día. Cada ajuste en el diagnóstico médico, aunque a veces me desanimara, nos hacía buscar como pareja más oportunidades para encontrar la cura. Y en esa interminable y agotadora búsqueda, la fe nos hizo mover cielo y Tierra. Nunca dejaré de agradecer a mi esposo la convicción con que luchó para recorrer los más impensables caminos en busca de la solución. Y hoy estoy más convencida que nunca de cuánto influyó en su entusiasmo y en mi decisión la visión que la fe nos fue dando a lo largo de los años.

¿Es posible superar el dolor y la desesperanza de un mal diagnóstico con la ayuda de la fe? Yo doy testimonio de que eso es así. A los incontables esfuerzos de oncólogos, médicos de múltiples especialidades y naturópatas, debo ponerle siempre una dosis alta de fe en el futuro. Sobrenatural, dijo alguna vez un querido amigo de la familia, y le respondimos que, más que sobrenatural, era una disposición emanada de nuestra fe para luchar hasta el último instante.

Mi mejor consejo para quienes comparten esta lucha contra el cáncer —como paciente, como pariente— es buscar y encontrar en la fe ese empuje adicional para ayudar al tratamiento. Un ánimo dispuesto a luchar a diario por mejorar es indudablemente mejor que un espíritu agotado y rendido. La fe nos permite aferrarnos a la vida con ilusión, enfrentar el dolor con tolerancia y asimilar los resultados con plena convicción de que estamos haciendo el máximo esfuerzo posible.

Muchas veces me he refugiado en la oración durante mi enfermedad. Al dolor físico, alguna veces insoportable, he respondido con oración, clamando por una luz que siempre ha llegado para superar la prueba. Al sufrimiento ajeno, respondí antes y durante esta dura prueba de vida clamando por fortaleza para luchar por la vida. La tristeza y el agotamiento espiritual los he aplacado dialogando con mi fe, con mi patrona y con mi Dios Todopoderoso.

En todos esos momentos, la petición ha sido una: esperanza. Sin duda, ha sido ése el mejor resultado y el mejor camino que me traza la fe y ella misma me recomienda con señales, pues pidiéndola, la esperanza me ha permitido levantarme una y otra vez, a cada instante con mayor entusiasmo, con mayor convicción de que el camino trazado lo podré llevar sobre mis hombros con la ayuda de la misericordiosa Virgen del Rosario.

Entiendo que a algunas personas les puede parecer extraño que hable con esta convicción de la fe. Puedo decir con pleno conocimiento de causa que mi vida es un caleidoscopio de emociones positivas combinadas con algunos momentos de sombras temporales. Pero al centro de ese maravilloso mundo, la fe y mi total confianza en la luz de mi Virgen del Rosario han hecho que, cualquiera que sea el resultado, lo pueda enfrentar.

No es resignación lo que debemos buscar en nuestras oraciones. Eso lo aprendí desde muy chica y lo comprendo y aplico rigurosamente en esta compleja etapa de la enfermedad. No quiero rendirme, sino luchar, tener la fortaleza para iniciar cada día con la certeza de que los minutos traen su afán y su premio. No rezo por el premio ni por la resignación, sino para recibir de mi fe la fortaleza oculta en mí para salir adelante.

¿Acaso la noche más oscura no es el inicio del día más brillante? ¿Acaso en el silencio y la soledad no se escucha mejor nuestro clamor y fe? ¿Acaso no reflexionamos mejor cuando más intensa es la tempestad, si tenemos el asidero de la fe?

Hoy digo que sí. Con tanta fe como siempre, escribo ahora mi testimonio plenamente convencida de que, con fe, el momento oscuro se achica y el espíritu se yergue invencible. No hay momento en que la oración hecha con total convicción nos abandone a nuestra suerte. Siempre nos abre el camino para seguir adelante, con esfuerzo y dolor quizá, pero siempre hacia adelante, sin desfallecer.

Pensando en eso es que aun en esta etapa médicamente complicada de mi enfermedad he aprendido a vivir con intensidad. Si durante mi etapa de salud viví con alegría, ahora puedo decir que vivo con enorme emoción y gran confianza en el futuro. Más allá de mis palabras y mis experiencias, escribo esto para que muchas otras mujeres con cáncer y sus familias se percaten del valor que tiene la fe en esta lucha interminable. Si abro mi espíritu y el de mis seres queridos ante los ojos de quienes me leen, es para sembrar la semilla de la esperanza entre todos los que debemos dar los primeros pasos hacia la cura. Así de simple: ver este proceso con fe, con la certeza del mañana, con la confianza en que vienen tiempos mejores en esta batalla médica contra la enfermedad.

Pido cada mañana, en mis oraciones, por la oportunidad de sonreír. Por la oportunidad de orar. Por la oportunidad de compartir todo esto que he aprendido de la vida. Pido cada mañana por todas las mujeres y hombres que vivimos este proceso contra el cáncer, y pido para encontrar la fuerza en cada respiro. Sé que en mí eso ha sido maravilloso. Sé que mis palabras llevarán paz a quienes deban enfrentar el momento con tristeza. No es fácil entender este problema médico, pero estoy segura de que, sin fe en una fuerza superior a la medicina y a nuestros cuerpos mismos, no hay futuro, no sólo en la enfermedad sino en los mil desafíos que nos tiene preparada la vida.

Los cambios que esta enfermedad y su tratamiento han traído a mi vida han sido manejables gracias a mi fe. No tengo la menor duda de que, sin ella, el más fuerte espíritu se arrugaría ante el dolor y las secuelas de una medicina fuerte para una enfermedad difícil de superar en cierto momento.

Veo hacia atrás y recuerdo rápidamente los momentos emblemáticos de mi fe. Han sido jornadas de sonrisas y luz, contrastando con instantes de angustia y aflicción. Me pregunto al hacer este ejercicio: ¿y si mi fe hubiera flaqueado? ¿Habría sido capaz de seguir y compartir la esperanza en seguir adelante?

En enero del 2003, tras de nuestro regreso a Guatemala para las Navidades del 2002, Fernando De la Cerda, amigo de mi hija mayor, nos pidió que asistiéramos a una misa de sanación de un sacerdote católico a quien se le adjudican curaciones milagrosas. Se llama Martín Ávalos, es de Santa Ana, El Salvador, y llega a Guatemala con cierta regularidad a oficiar este tipo de servicios religiosos. Con Julio decidimos asistir al servicio, que se daría en la bella capilla del Liceo Guatemala, administrado por hermanos maristas, donde la imagen de Nuestra Señora es ícono maravilloso para todo el católico creyente de Guatemala.

El servicio, solemne y lleno de amor, fue presenciado por unas trescientas personas, la mayoría afectadas por distintas dolencias. Un aspecto importante aquí era la reflexión reiterativa del padre Ávalos sobre el papel de la Virgen en los procesos de sanación. Terminada la misa el padre inicia desde el altar una procesión, llevando frente a él un Cristo enorme, transita en el corredor central y se detiene frente a enfermos. Según dicen, el enorme Cristo lo hace parar y dirigirse a la persona para bendecirla, pues el padre desconoce quién está afectado y quién no, pero nunca se equivoca y se detiene sólo ante personas con dolencias.

El padre Ávalos no sabía que asistiríamos, no nos conocía y sin embargo, él y su Cristo se detuvieron en nuestra fila, se dirigió a mí y me bendijo. Como niña, lloré de felicidad y emoción. Pero este suceso no termina aquí: al finalizar la procesión el amigo de mi hija fue detrás del altar y le pidió al padre si podía orar en privado por mí. Aceptó y le dijo:

—Tráigala rápido, pues tengo otras personas que me lo han pedido y me tengo que ir para no perder el autobús a Santa Ana.

Me llevaron ante él y había allí tres familias más; a mí me acompañaba Julio, mi esposo, mi hija Alexandra, su amigo y un amigo nuestro de la adolescencia (Luis Pedro, el Chinito Castillo), que casualmente acompañaba a otras amigas y cuando nos vio se unió a nosotros.

Primero el padre oró por un bebé enfermo a quien en cortas palabras le dijo:

—Regresarás pronto al lado de Nuestro Señor... has cumplido tu misión.

Acto seguido, oró por una señora a quien le dijo que debe prepararse, que su encuentro con Nuestro Señor está cercano, que su vida ha sido buena y llena de amor, y que la Virgen la acompañará de manera permanente. Después, oró por un anciano en una silla de ruedas y a él le administró los santos óleos y le dio la comunión; finalmente se acercó a mí, rezó un Ave María y me dijo:

—Tú vivirás lo suficiente para ser testimonio de sanación y amor. Vayan con Dios.

Mis lectores y lectoras se podrán imaginar los sentimientos tan profundos que embargaban mi espíritu en aquel momento en el que, al decir de los médicos y por mi apariencia, todo indicaba que mis días estaban contados; recibir un aliento de esa magnitud, incomprensible pero muy esperanzador, fortaleció mi sentido de esperanza los subsiguientes años. Ya bajo tratamiento alternativo, de allí en adelante mi mejoría fue sorprendente. Respondamos cada uno de nosotros si vivir no es un acto de fe. Respóndase cada quien si en esos instantes en que todo parece terminar es la fe el camino para un destino mejor.

Mi familia y yo estamos convencidos de que así es. La sonrisa de mis hijos, el cariño de mis padres y de la familia de mi esposo, de nuestros amigos, no se ha apagado porque todos compartimos la confianza en el futuro y la fe en que nuestro tránsito será como debe ser, porque alguien nos protege y guía sin cesar. Esa convicción se alimenta con la oración; yo lo he hecho toda mi vida poniendo en primer lugar a mi Virgencita del Rosario, con quien siempre estaré en deuda, pase lo que pase.

En todo este capítulo me he referido exclusivamente a mi Virgen del Rosario. Todos sabemos que es una sola en distintas manifestaciones y además en distintas apariciones milagrosas a lo largo de la historia, por lo cual deseo mencionar a la Virgen de Fátima, quien me ha acompañado desde el inicio del proceso. La tengo en mi habitación en nuestra casa de Miami, en un lugar muy especial, y allí ha estado solidaria en todo momento.

En el año 2006, ya como una gran sobreviviente de cáncer, mi Julio me dio un gran regalo. Al final de un proceso de tratamiento quimioterapéutico me llevó a España en un viaje que —yo le había pedido— quería hacer. Allá me encantaba visitar a la familia española de mi esposo, a nuestros amigos Carlos Alberto y Linda Montaner y a Marcos y Luisa Magaña, con quienes teníamos distintos y muy divertidos motivos para encontrarnos una y otra vez a lo largo del tiempo.

Esa vez, Julio me dijo a la mitad de nuestra estancia que, aunque le debíamos la visita a la Virgen de Guadalupe, patrona de México, con quien él me había encomendado desde el inicio, me daba la sorpresa de que iríamos a Portugal a visitar el lugar de la aparición de la Virgen, en Fátima, y orar allí a la Virgen que me había acompañado durante los últimos cuatro años. Así las cosas, llegamos a Lisboa el 19 de septiembre de 2006 y el día 21 de septiembre visitamos Fátima, guiados y atendidos por un amigo, muy cercano a la petrolera Galp de Portugal. Luis

Branco era su nombre y Julio lo había visitado en oportunidades anteriores por su relación con el mundo energético. Ese día fue magnífico desde todo punto de vista. El clima era inmejorable y aunque recuerdo que en una parte del trayecto llovió, al llegar el sol relumbraba sobre un bello cielo azul. El lugar es único, desde la llegada te impregna una sensación de paz y santidad sin igual.

Estuvimos en el sitio exacto donde se manifestó la Virgen a los tres pastorcitos, y luego de visitar la hermosa iglesia, fuimos directo al árbol que está en el sitio de la aparición y donde hay un nacimiento de agua del cual los creyentes colectamos agua en recipientes y nos la llevamos para nosotros y familiares. Tras una larga y espiritual experiencia que significó la visita a este bello lugar, fuimos invitados por Luis y unos amigos a un almuerzo inolvidable para mí, pues quedaba en el pueblecito al lado del sagrado lugar, desde donde podíamos contemplarlo y tener la posibilidad de inmortalizarlo en nuestros pensamientos, algo así como quien toma una fotografía mental para no olvidarlo jamás.

Terminado el almuerzo, emprendimos nuestro retorno a Lisboa bajo una llovizna tenue pero pertinaz. A mitad de camino, Luis le dijo a mi esposo si no tenía inconveniente en que nos desviáramos cuarenta y cinco minutos, pues quería llevarme a donde un misionero portugués había resuelto exitosamente problemas de salud en su familia. Julio me preguntó si no estaba muy cansada y si quería hacerlo; le dije que sí, y enfilamos hacia una aldea llamada Setúbal, a unos 30 km de Lisboa.

La experiencia fue única, Luis llamó por su celular para saber si podíamos ser recibidos a esa hora, pues eran ya casi las 4 de la tarde. El misionero tenía más de un año de no hablar con Luis y le preguntó qué tan lejos estaba, él le respondió que como a cuarenta y cinco minutos, el misionero le dijo:

—Luis, usted sabe que ya es tarde pero lo voy a recibir.

Llegamos en treinta minutos y nos recibió con una actitud muy positiva, como la de aquel que empieza su día a trabajar con alegría y compromiso. Luego de una ceremonia de oración con la luz apagada en un recinto extremadamente sencillo y en un entorno de mucha pobreza material, el misionero, que con su mano sobre mi cuerpo había descubierto sin nosotros decírselo las partes que estaban afectadas por el cáncer, me dijo que debía ir en paz, que tenía mucho por hacer, y me regaló una fotocopia en hoja de papel bond de 80 gr de una pintura del rostro de Nuestro Señor Jesucristo. Nos dijo:

—Cuando algo te duela, algo te preocupe, algo te aflija, mira los ojos de Él y todo pasará.

De pronto, en medio de un gran silencio de despedida se me ocurrió, no sé por qué, preguntarle:

—¿Cómo me encuentra de salud?

Y me respondió:

—Vivirás 4 y 4, ve tranquila, todo está y estará bien.

Julio salió muy tenso y más tarde me dijo:

—No entendí el propósito de la visita. Me gustó lo espiritual y lo confortable de la actitud de él, pero me sentí incómodo en el lugar por su falta de condiciones para una reunión. Además, me siento extraño, muy extraño.

El tema para Julio empeoró cuando, llegando al vehículo de Luis, nos rodeó un horrible enjambre de moscas. Tuvimos que correr y meternos a toda prisa en el automóvil. La emprendimos de regreso a Lisboa, un tanto agitados por la experiencia y nuestro amigo Luis nos dijo:

—No se molesten. Eso no es nada, comparado con lo positivo que esta visita va a significar para ustedes.

Llegamos a Lisboa, el hecho pasó a ser secundario frente a la maravilla de haber visitado Fátima, y, sin embargo, mantengo en mi mesita de noche la hoja de papel con la imagen de Nuestro Señor Jesucristo que me regaló el misionero, y en efecto, cada momento difícil lo veo y me trae solución.

Termino este capítulo agradeciendo a mi amorosa suegra, Amy, por el cariño y la solidaridad con que me acercó desde que nos conocimos, hace ya treinta y cuatro años, a la devoción por mi Virgencita del Rosario. Hoy Amy peina sus cabellos blancos, me provee de una sonrisa serena que me da paz, y en sus ojos veo la luz de un alma que me está acompañando en cada momento y en cada oración desde siempre. Ella ha vivido en la fe y me ha dado el regalo de encontrar la luz de la vida en la oración.

Capítulo 9

Estoy contenta, me siento muy bien…
pero no se lo digas a nadie

La salud sólo se valora
adecuadamente cuando se ha
perdido.

Proverbio

♣

TENGO UN COMENTARISTA DE TELEVISIÓN favorito, el escritor y periodista peruano Jaime Bayly. Con Julio lo vemos casi todas las noches, pues nos permite ir a la cama muertos de la risa. Es un periodista que hace gala de un cinismo muy fino, que se ríe de sí mismo con una gracia sin igual y que además construye unos monólogos increíbles, todo ello sin mencionar que sus pleitos ideológicos con Chávez, Evo y compañía son de colección. Nunca he visto reír más a mi marido por temas políticos que con las ocurrencias de Bayly.

A Jaime lo conocí en casa de los Montaner una vez que fuimos invitados a cenar y me pareció un personaje fenomenal. En esa oportunidad, nos regaló y autografió el libro *La mujer de mi hermano*. Jaime escribe una columna dominical en *El Nuevo Herald* de Miami que se llama "No se lo digas a nadie", la cual normalmente también me hace reír. A él le robo

parte del título de este capítulo, no sin recordar que en una oportunidad escribió el relato de una amiga suya, enferma de cáncer, en Buenos
Aires, que me conmovió hasta la médula. Un gracias muy cariñoso en
este librito a Jaime Bayly por regalarnos todas las noches alegría y mucha
inteligencia.

En efecto, me siento como nunca en mi vida. Mis marcadores están
en treinta, cuando al inicio estaban en seiscientos; he recuperado el ciento por ciento de mi pelo y ha salido muy bello y fuerte, mi semblan-
te es el de una atleta, tengo de nuevo color en mis mejillas, me levanto
con energía y me duermo hasta pasadas las 10 de la noche. He viajado
varias veces a Guatemala a visitar a la familia, fuimos a Disney y Julio
me regaló un fin de semana largo en un cayo primoroso, llamado Sunset
Key, en los cayos de la Florida, donde la pasamos felices con mis hijos,
tuvimos una cena muy romántica e incluso tomé champagne.

En fin, pareciera que no pasé por el año 2002 y que todo fue una pesa-
dilla. Sin embargo, todas estas buenas noticias apenas si podemos compartirlas, casi expresamos "no se lo digas a nadie". No entendemos qué ha
pasado. Al menos no de manera lógica. Nos preguntamos cómo es posible
que tan sólo hace tres meses la piel en mi cara estuviera de color gris ace-
ro, recién terminadas las quimioterapias, y a los treinta días exactos estuviera en mejores condiciones y con un color renovado como nunca antes;
que mi estado de ánimo esté por las nubes contrastando con los altibajos
de depresión de todo el año pasado; que los efectos devastadores de dos
emergencias que me llevaron al hospital casi moribunda en medio de las
aplicaciones de las terapias se hayan diluido y queden sólo en el recuerdo.

No hay lógica en las respuestas desde el punto estrictamente científico, pero sí la hay desde otra perspectiva. Estoy convencida de que soy
producto de un milagro prodigado por intercesión de mi Virgencita, el
cual me ha permitido vivir un poco más porque la divinidad ha obrado
para que los químicos hicieran su trabajo.

Pero aún hay más. Hacia el 18 de diciembre de 2002, mi esposo recibió una llamada de su amigo y cliente, el Dr. Raúl Diez Canseco, en

aquel momento vicepresidente del Perú, quien invitaba a Julio a reunirse en el hotel Breakers de Palm Beach, donde se hospedaba, ya que quería compartir con él cierta información. Julio ya había terminado su trabajo con el presidente Alejandro Toledo y pensó que se trataba de un nuevo contrato con ellos. Se dirigió a la cita, no sin advertir que quedaban menos de setenta y dos horas para viajar a Guatemala y que esa reunión le tomaría todo el día, no sólo por la distancia que separa Palm Beach de Miami, sino porque no sabía cuánto tardaría la conversación con Raúl.

Durante su encuentro con él, Julio quedó sorprendido de la ausencia total de conversación política. Lo había llamado para compartir con él un tema muy personal y para sugerirle un contacto que le parecía muy importante para mí. Le confió a Julio que había estado bajo tratamiento para hacer descender sus niveles de colesterol y para ayudarlo a manejar el estrés que le imponían sus importantes responsabilidades, pero le agregaba que los tratamientos no habían sido convencionales, que habían sido de medicina alternativa.

En efecto, Raúl se había puesto en manos de un grupo de médicos graduados de la Universidad de Harvard que habían transitado hacia la práctica de la medicina alternativa, o integrativa, como a ellos les gusta llamarla, pues combinan sus conocimientos de medicina aprendidos en la universidad con los principios de la medicina natural y oriental. De tal suerte, esa misma semana, conocimos antes de partir a Guatemala a un médico de origen venezolano de nombre Luis Romero, quien muy gentilmente nos visitó en nuestra casa para conversar. Fue muy claro en decirnos que él no atendía pacientes en Estados Unidos, pues no estaba incorporado y que lo que nos compartiría lo hacía en primer lugar porque Raúl se lo había pedido y porque consideraba que en algo podían ayudarme los temas que él nos explicaría en esa oportunidad.

Luego de conversar varias horas, y observar impresionados la sabiduría de este médico, Julio le preguntó si era posible que aceptara una invitación a viajar a nuestro país, pues allá, le dijo, "usted podría prescribirnos sin estar violando ninguna ley". Debo mencionar aquí que sólo a mi Julio podía ocurrírsele tal idea. El Dr. Romero, muy sorprendido por la propuesta, le respondió:

—¿Y qué le dice a usted que yo puedo prescribir dosis sobre lo que le he comentado?

Julio le dijo de forma lacónica

—¿Puede o no puede?

La conversación migró hacia múltiples temas que nada tenían que ver con medicina, y finalmente el Dr. Romero aceptó venir a Guatemala después de Navidades.

Ya en Guatemala, el Dr. Romero diseñó un protocolo de medicina alternativa para mí, y fue muy claro en expresar que no aseguraba curación pero sí una mejoría importante en mi calidad de vida, y así ocurrió. A sólo treinta días de iniciada en el protocolo alternativo, yo era otra persona.

Pero es importante mencionar algo de lo que nos aconteció en la relación con este médico. Primero, cuando Julio le preguntó cuánto le debíamos, él respondió.

—Nada, Julio. Yo no puedo cobrar por estas referencias que me fueron enseñadas por quien salvó mi vida.

Romero había sido desahuciado de un cáncer terminal en el Massachusetts Hospital en Boston y había retornado a su natal Venezuela para morir. Allí, una tía lo llevó con un médico hindú que lo introdujo al mundo de la medicina natural y alternativa, la cual produjo su curación. El Dr. Romero tenía en el momento que lo conocimos catorce años de sobrevivencia, y ante su posición de no cobrar por sus servicios, más adelante nos encargamos de hacer una donación a la fundación en la que trabaja el Dr. Romero, encargada de educar a cientos de personas en estos y otros conocimientos curativos y preventivos.

Antes de pasar a contarles lo que he aprendido todos estos años sobre tratamientos alternativos y que tanto me han ayudado, así como hice con mi doctora, Alejandra Pérez, voy a describir una breve síntesis curricular de este maravilloso profesor y médico, para que le conozcan.

Luis Romero nació en Venezuela, es médico internista, cardiólogo y farmacólogo clínico. Posgraduado por las universidades de Harvard y de Massachusetts. Profesor del Fisher Institute for Medical Research. Presidente de Humanitas International Foundation. Conferenciante internacional en los temas de educación para la salud, promoción de la salud y sanación holística.

El protocolo alternativo que me diseñó el Dr. Romero era amplio. En él había una serie de recomendaciones sobre un nuevo régimen alimenticio, haciendo honor a aquel viejo lema de "vuestra alimentación debe ser vuestra curación", de tal suerte que, por ejemplo, me eliminaba la leche de vaca, la carne roja y muchas otras cosas, debía alejarme de todo aquello que me produjera estrés, debía reír mucho y orar todos los días.

Con la oración no tenía problema, pues la practico de toda la vida, pero con lo que él llamaba sesiones de risoterapia, allí la cosa no era tan fácil. Aunque soy fácil para reírme, ¿cómo podía hacer para reír de manera espontánea al menos tres veces por semana por lo menos durante diez minutos, que era lo que me recomendaba? A Julio, mi esposo, se le ocurrió ir a comprar la colección de películas de Cantinflas, las de Steve Martin y las de cuanto comediante había, al final pasé riendo de manera muy organizada más de tres veces por semana durante meses. Créanme que luego de cada sesión estimulada por una película graciosa me sentía extremadamente bien.

Algo muy interesante en esta nueva etapa era la recomendación que él me hizo sobre dos productos muy en especial, uno era el jugo de noni y el otro el cartílago de tiburón. Por supuesto, incluyó una serie de suplementos y nutrientes, pero la clave del proceso de recuperación tan asombroso que tuve estaba en esos dos productos.

El noni y el cartílago de tiburón

Sobre el noni no sabíamos nada y del cartílago de tiburón para tratamientos contra el cáncer, menos. En este librito deseo dejar testimonio de lo que a mí me ayudaron estos dos productos y quiero ser muy clara en que lo que contaré no es en ningún sentido una recomendación de subestimar o sugerir la no atención de estas dolencias con medicina convencional. De ninguna manera. Desde el punto de vista del diagnóstico y la terapia, la medicina académica o convencional ofrece muchas cosas de gran valor para las enfermedades crónicas, como el cáncer. Sin embargo, sí creo que la medicina contemporánea debiera ser más tolerante y abierta a los tratamientos alternativos. Afortunadamente para mí, la Dra. Pérez, en su profunda vocación de investigadora, ha sido muy abierta a permitir estas incursiones en el terreno de lo natural, con la condición de que debo contárselo todo, y así lo he hecho.

Con el tiempo, sé que en el caso del Memorial Breast Cancer Center en Hollywood, donde me he tratado todos estos años, la mentalidad hacia la medicina alternativa es muy abierta, y de hecho cuentan con excelentes terapeutas especializados en acupuntura y yoga.

A continuación describiré, con ayuda de la grabación parcial que hicimos de nuestra conversación en Guatemala, lo dicho por el doctor y profesor Luis Romero, quien además me ha ayudado a reconstruirla pues yo tenía muchas de las anotaciones pero le he pedido a él que nos agregue la sustancia de carácter científico a efecto de que el relato esté lo más ajustado a como ocurrió y que pueda ayudarle a usted educándolo como nos educó a nosotros el querido Dr. Romero.

Encuentro en Guatemala

Esa tarde de comienzos de enero, la temperatura estaba con un frío muy agradable en la ciudad de Guatemala. Aguardábamos la llegada del profesor y doctor Luis Romero, quien, como les dije, gentilmente había aceptado nuestra invitación a venir a Guatemala para ver y orientar sobre mi caso, en su condición de profesor de medicina integrativa.

A su llegada, luego de aceptar un vaso de rosa de jamaica, la cual, nos comentó, "es muy buena y rica en antioxidantes", nos dijo:

—Vengo descansado, por lo tanto, les invito a que conversemos como en las Escuelas de la Salud; revisaremos conceptos de la salud y la enfermedad con énfasis en el Sr. Cáncer. Ustedes me pueden interrogar e interrumpir, cuantas veces lo consideren —a lo cual mis hijos y yo, le contestamos:

—Muy bien, profesor, aquí estaremos tomando notas como los mejores alumnos...

El Dr. Romero se puso de pie y se acercó a un rotafolios de papel blanco con lápices marcadores de colores que le teníamos preparados a petición suya, y comenzó su clase así:

Luis Romero (LR): —Querida familia Ligorría, primero deseo expresarles que para mí es un gran gusto encontrarme con ustedes y poder suministrarles toda la información a mi alcance sobre lo que muchos autores llaman aspectos holísticos, nutricionales y de suplementación nutricional para pacientes con cáncer. Todo cuanto les expresaré será meramente información de educación y promoción de la salud. En ningún momento pretenderé hacer diagnósticos o tratamientos o, menos aún, intervenir o sugerir ningún aspecto o concepto o indicación-tratamiento que sustituya o altere los prescritos en el presente o en el futuro por sus médicos tratantes.

"Comienzo diciéndoles que el cáncer es una enfermedad crónico-degenerativa, que ataca al ser humano y también a los animales, sin distingo de edad ni género. Es una enfermedad debilitante y en muchos de los casos *agresiva*, cuya "meta es triunfar" *contra la vida del huésped que la padece*. También quiero decirles que un tumor canceroso para mí no es la enfermedad, sino es "una expresión de la enfermedad", la enfermedad es sistémica, es decir, afecta a todo nuestro cuerpo, sólo que se ha manifestado en un determinado órgano o sistema.

"Digo esto para que se entienda que cuando a una persona se le diagnostica un cáncer, no quiere decir que si quitamos la parte del cuerpo o el órgano afectado que tiene el tumor la persona está curada. NO. Si esto fuera así, las estadísticas de personas operadas con extirpación total del tumor tendrían una sobrevivencia exitosa de 95 por ciento o más desde el día de la extirpación hasta cinco años después, y esto no ocurre. Por eso mi preocupación es que las personas diagnosticadas con cáncer se instruyan cada día más y entiendan que la lucha debe continuar, haciendo lo que estamos haciendo hoy, *educación y promoción de la salud,* para recabar la mayor cantidad de información posible y poder aumentar nuestro conocimiento y arsenal para la lucha en contra de la enfermedad."

—Querida Elizabeth —continuó—, ¿le puedo hablar de tú?

Elizabeth de Ligorría (EL): —Claro que sí, profesor Romero.

LR: —Mil gracias. Me sentiré como en familia hablándoles a todos como acostumbramos en mi pueblo natal, Caripito, ubicado en el oriente de Venezuela, donde acostumbramos tutear a las personas.

"Quiero reiterarles que todo lo que hablaremos está basado en múltiples publicaciones provenientes tanto de la medicina convencional como de la medicina complementaria, tradicional china y ayurveda de India, cuya mezcla de información da origen a esa medicina hoy conocida como *medicina integrativa.* Esta información que les comentaré también está accesible en la internet tanto en los contenidos generales como en páginas especializadas.

"Desde el punto de vista de la medicina tradicional china y ayurveda, existen conceptos básicos respecto de esta enfermedad: la célula cancerosa es una "devoradora de azúcares", razón por la cual, el enfermo de cáncer deberá prestar especial atención a no comer azúcares o alimentos que muy fácil y rápidamente se conviertan en azúcares cuando los ingerimos. Esto es sumamente importante tenerlo presente para aprender lo que debemos preferiblemente comer... Una buena referencia es comprar o imprimir la lista/tablas de alimentos según su índice glicémico (*glycemic index,* en inglés), es decir, el tiempo que se demora un alimento desde que lo ponemos en la boca hasta que llega a la sangre transformado en glucosa = azúcar. Alimentos con alto índice glicémico son los alimentos que se han de evitar. Como referencia debemos ingerir aquellos alimentos con un valor índice glicémico de 75 hacia abajo, y lógicamente, no ingerir aquellos de 75 a 115; repito, vale la pena comprar el librito, viene en versiones de bolsillo.

"Esto, como premisa, me abre la puerta para darles un concepto que utilizo permanentemente: 'Nos enfermamos, complicamos y llegamos a la tumba por la manera como pensamos, como sentimos y por lo que nos llevamos a la boca'. Sobre esta realidad confirmada, el numeroso material escrito indica que lo que pensamos, esa imagen llamada pensamiento, son moléculas que se representarán en nuestra mente y tendrán acciones y reacciones moleculares buenas o malas, dependiendo lo que estemos pensando. Si lo que pensamos es bueno, agradable, deseable, su efecto biológico hará mover hormonas y reacciones químicas celulares con efecto positivo y beneficioso. Si, en contrario, lo que pensamos es angustiante, doloroso, nos induce miedo, sabor amargo o cualquier otro apelativo negativo-perjudicial, ello va a hacer actuar tanto la adrenalina como la noradrenalina, las cuales son hormonas que estimularán respuestas químicas celulares indeseables por toda nuestra economía humana.

"Lo mismo sucede con nuestros sentimientos. Si éstos son de aceptación, de apego, de amor, su efecto bioenergético y bioquímico en nosotros será saludable, pero si los sentimientos son los opuestos: rechazo, odio, rencor, falta de perdón, desamor, éstos originarán reacciones y efectos dañinos a nuestro cuerpo. Cuando leemos e interpretamos los libros de ese extraordinario médico y escritor Deepak Chopra, él insiste y demuestra que todo esto es verdad, que en efecto somos lo que sentimos y lo que pensamos.

"Analicemos ahora lo que quiero decir: 'Somos lo que nos ponemos en la boca'. Si me llevo a la boca cigarrillo, tabaco, drogas, abuso del alcohol, alimentación inadecuada y desequilibrada, las consecuencias serán negativas, es decir, se originarán enfermedades, sus complicaciones y... resultados finales no deseados.

"De igual manera: *si nuestra alimentación es inadecuada*, es decir, comemos *alimentos que no digerimos bien*; ingerimos una dieta rica en grasas saturadas que van a incrementar nuestro colesterol y triglicéridos; si ingerimos exceso de carnes rojas; si tomamos muchas sodas o refrescos; si comemos preferentemente alimentos refinados, azucarados, alimentos artificiales y todo aquello que se aleje de la alimentación natural; la falta de ingesta diaria de *fibra* indispensable para el movimiento intestinal diario, lo cual requiere una correcta ingesta diaria de agua, ello también terminará enfermándonos.

"Ante el cáncer, hemos de comer alimentos que toleremos adecuadamente, es decir, que podamos digerir íntegramente sin problema, porque éstos nos serán beneficiosos. Y ¿cómo saberlo? Muy simple: hemos de comer aquello que *no nos produzca* acidez, reflujo, eructos, llenura, flatulencias, cólicos o constipación.

"Por una de sus características, las células cancerosas son llamadas por muchos autores 'células *devoradoras de azúcares*', porque están ávidas de azúcar para su metabolismo diario, con lo cual concluimos con la primera recomendación: NO comer azúcares o aquellos alimentos con alto índice glicérico, como por ejemplo las harinas refinadas, que, al ser ingeridas, rápidamente se convierten en azúcar y así pasan a la sangre. Hacer esto le limita la oferta de azúcar a la célula cancerosa, la cual le es indispensable para su metabolismo, y todo esto es realizado con pobreza de oxígeno; a esto se le llama metabolismo anaeróbico. A la célula cancerosa NO le gusta el oxígeno y en varios países se utiliza darles a los pacientes que padecen cáncer oxígeno-terapia en cámaras hiperbáricas, y científicamente existen reportes favorables con estos tratamientos.

"En mis conferencias siempre enfatizo el hecho de que esta enfermedad es un enemigo muy grande y poderoso que, para vencerlo, no debemos limitar el número de ángulos de ataque, queriendo significar con esto que no debemos conformarnos con hacer una u otra terapia, sino que debemos aceptar toda aquella que haya permitido demostrar, bien sea por la evidencia de la tradición o por el riguroso método científico, ser beneficiosa para el tratamiento del cáncer.

"Otra premisa sobre la cual insiste el Dr. Joe Mercola, conocido médico y profesor de medicina integrativa, es la que él señala como 'lo dañino de la leche', es decir, ingerir leche de vaca y sus derivados sobre todo cuando estamos en presencia de enfermedades debilitantes, así como también hace énfasis en NO comer carne roja, por su lento proceso de metabolización. Una de las razones que esgrime sobre la leche de vaca y sus derivados es el rico contenido de *caseína*, una proteína que el ternero digiere sin problema porque tiene la enzima específica para este menester, llamada *caseinasa*. Desafortunadamente, los seres humanos no la tenemos. Respecto de la carne roja, ésta es muy rica en un aminoácido llamado *metionina*, el cual es precursor de la *homocisteína*, y ésta favorece los procesos inflamatorios cardiovasculares y la acidificación del medio interno.

"La leche de cabra, por el contrario, no sólo no tiene caseína, sino que además es 98 por ciento semejante a la leche materna. En Suecia se han hecho muchos trabajos de investigación que le han conferido a la ingesta de leche materna por pacientes que sufren de cáncer una maravillosa indicación. Una vez que tenemos esto claro, debemos añadirle lo indispensable que es la hidratación correcta, debemos tomar suficiente cantidad de agua, entre diez y doce vasos de agua diariamente.

"La siguiente acción que se ha de tomar está también mencionada en libros y en internet. Me refiero a la interconexión *espíritu-mente-cuerpo*, cuyo liderato en Estados Unidos tiene pioneros como el Dr. Herbert Benson, de la Universidad de Harvard, y el Dr. Carl Simmonton, de la Universidad de California, en San Francisco, quienes comprobaron efectos positivos y saludables de la meditación, la visualización, la relajación profunda y la lucha acérrima contra el estrés. Durante milenios, los chinos han escrito y hablado sobre estos aspectos, y hoy en día vemos con beneplácito cómo instituciones para el tratamiento del cáncer en distintas partes del planeta, incluido Estados Unidos, aceptan estas verdades como apoyo importante a los tratamientos contra esta enfermedad. Hoy en día la *psiconeuroinmunología* es una práctica cada vez más utilizada para ayudar a los pacientes con enfermedades crónicas graves. Con la aparición de este nuevo campo ha quedado científicamente establecida la interdependencia entre el espíritu, la mente y el cuerpo, hecho ancestralmente aseverado por los filósofos y maestros de Oriente.

"Así entonces, la oración-terapia con visualización de Nuestro Señor y la Virgen serán prácticas efectivas y saludables y señalan autores diversos que esta oración-terapia es aún más efectiva si se hace en cadenas, es decir, muchas personas de la familia, amigos, orando al mismo tiempo. Aquí debemos señalar los múltiples libros escritos sobre el tema, al igual que revistas como *Selecciones del Reader's Digest* sobre el tópico: la oración-terapia. Por lo tanto, Elizabeth, ésta será otra de las prácticas que incluirás de manera precisa, lo cual sé que harás con firme devoción y fe.

"Hablemos ahora de otra interesantísima y útil herramienta. Si incluimos en un buscador de internet, como Google o Yahoo, la palabra *musicoterapia*, o, de manera específica, el "efecto Mozart", es abrumador el número de referencias que aparecerán. Efectivamente, la música de Mozart y toda música alfa, como la de Vivaldi y Liszt, provocan el efecto relajante descrito por el Dr. Herbert Benson, cardiólogo de la Universidad de Harvard, quien introdujo el término *relaxation response* = estado de relajación, lo cual es profundamente beneficioso para las personas que padecen esta enfermedad y, ¿por qué no decirlo?, para todo el mundo. Así entonces, Elizabeth, escucharás música alfa lo más que puedas y durante la noche dejas un CD en autorrepetición cerca de ti, bajas el volumen hasta que prácticamente no lo escuches y te duermes, tu cerebro continuará escuchando esta música alfa, la que profundizará tu sueño y favorecerá la producción cerebral de esa maravillosa hormona saludable llamada endorfina.

"La *risoterapia* es otra técnica que ha de emplearse, y en tiempos modernos la película *Dr. Patch Adams*, del actor Robin Williams, reprodujo el efecto saludable de la terapia de la risa en niños que padecían diferentes tipos de cáncer. Por lo tanto, Elizabeth, ésta es otra acción que habrás de tomar: a reírse y reírse, varias veces al día, lo más que puedas, porque esto también produce las superendorfinas, hormonas que queremos tener en su más alto nivel.

"Ahora te quiero hablar de un enemigo universal del hombre y de la humanidad, y sobre ello te voy a dar una técnica que yo utilizo contra ese gran enemigo que nos agrava cualquier enfermedad y que nos hace sentir mal. Me refiero al famoso *estrés*, a quien hay que combatir por todos los medios posibles. Sé que todos ustedes se van a reír de mi técnica, pero me ha resultado buenísima y funciona:"

Hɪᴊᴏs: —Dr. Romero, dénos la receta —replicaron Julio Jr., Vanessa y Alexandra. El estrés nos ataca a todos.

ʟʀ: —Mi técnica es muy sencilla, todos los días, después del baño, uso una crema de vaselina con una fragancia excelente y me cubro totalmente y con ello *todos los problemas me ruedan, me resbalan*. Por supuesto, pareciera figurativo, además de risible, pero si lo practicamos entregándole las cosas a quien todo lo puede, a Dios, y nos limitamos y entrenamos para ver la vida diferente, vamos a poder acometer con seriedad y responsabilidad, con positivismo y certidumbre todo lo que debemos enfrentar, y no hacerlo de una forma distinta, contraria, angustiante, como muchas veces la vemos y que irremediablemente nos hace tanto daño, creándonos una vida estresada, lo cual induce y agrava cualquier enfermedad que padezcamos. Como lo dice el proverbio chino: 'Si el problema *tiene* solución, no te *preocupes*, y si el problema ɴᴏ tiene solución, *olvídalo*, ya que no tiene solución y no podemos hacer nada.'

"Les voy a dar ahora otro *tip*, que también tiene que ver con el estrés y mucho con lo que comemos, por las consecuencias y efectos de ambos en nuestro medio interno. Me refiero a algo que se llama pH. ¿Se acuerdan, de cuando estudiamos bachillerato, del llamado potencial de hidrógeno igual a pH? Pues bien, las situaciones de estrés nos oxidan y nos bajan el pH en nuestro medio interno, nos volvemos *ácidos internamente*, y esto también sucede cuando comemos inadecuadamente; es indeseable en cualquier estado, más aún ante una enfermedad como la que nos ocupa, en cuyo caso debemos mover nuestro medio interno hacia el pH alcalino normal y alejarnos de la acidez interna. A la célula cancerosa le gusta el medio interno ácido y la limita el medio interno alcalino.

"¿Qué debemos hacer? Aumentar la ingesta de alimentos alcalinizantes (esto es, lo contrario de ácido), como las legumbres, particularmente las verdes; las frutas no cítricas, de las cuales la papaya y la piña están reconocidas como muy favorables, al igual que el arándano (*cranberry*), la pera y el durazno, por su alto contenido en enzimas digestivas y antioxidantes, recordando siempre que no debemos comer aquellos alimentos que nos provoquen cualquier tipo de señal que nos indique que no lo estamos digiriendo bien. Reenfatizando, debemos evitar los refinados, carnes rojas, grasas, fritos, enlatados, congelados, artificiales, colorantes, etcétera."

EL: —Pero, uy, mi querido profesor Romero, y ¿qué vamos a poder comer?

LR: —Comeremos como nuestros abuelos, quienes utilizaban los alimentos integrales, y todo cuanto provenga de la naturaleza en su forma original. Mi familia y yo comemos así. Sustituimos el pan de harina refinada, el arroz blanco refinado, el azúcar blanca refinada, la pasta blanca refinada, por integrales "legítimos". Es la mejor y segura forma de alimentarnos saludablemente.

"Bien, pasemos ahora a hablar sobre los famosos suplementos nutricionales. Me referiré a 'alimentos' con efectos saludables que si bien no han sido estudiados por la medicina convencional con el rigor de la metodología científica, los ingieren diariamente millones de personas en el planeta, y los emplean como complementarios en un buen número de tratamientos, para diferentes alteraciones de la salud, incluido el cáncer.

"*Cartílago de tiburón:* Existe un libro, *Los tiburones no mueren de cáncer,* escrito por el Dr. William Lane, el cual precisamente me fue recomendado como lectura indispensable cuando estuve enfermo y me permito sugerírselo para que también lo lean. En este libro me enteré de las increíbles investigaciones del Dr. Judah Folkman, de la Universidad de Harvard, quien en 1971 publicó en el famosísimo *New England Journal of Medicine,* uno de los de mayor prestigio mundial, un trabajo en el cual demostró que el extracto de cartílago de tiburón era capaz de inhibir el crecimiento de células cancerosas. Más tarde, en 1983, otro descubrimiento sobre el cartílago de tiburón, otro trabajo del Dr. Folkman y colaboradores, los doctores Robert Langer y Ann Lee, del Massachusetts Institute of Technology, publicado en la muy prestigiosa revista médica *Science,* corrobora la existencia de 'antienzimas' en el cartílago de tiburón. Esto quiere decir, moléculas que bloquean enzimas, precisamente aquellas que se encuentran presentes en el sitio inflamado; donde exista inflamación, allí actuarán.

"Debo confesarles que para mí esto constituyó un hecho suficiente para convertirme en 'convencido' en lo que respecta a lo que yo experimenté cuando lo tomé durante mi enfermedad, ya en camino a mi curación. Número uno, 'me desinflamé' y, con ello, se me quitaron los dolores y todos los ganglios aumentados de tamaño progresivamente regresaron a su medida normal.

"Así, Elizabeth, siguiendo las experiencias de instituciones para el tratamiento del cáncer en India y en Asia, la recomendación ha de ser ingerir cartílago de tiburón como yo lo tomé: en polvo = 3 medidas = 3 cucharadas soperas colmadas del polvo disueltas en agua 4 a 5 veces al día.

"En países asiáticos, donde el cartílago de tiburón se encuentra en el petitorio de productos biológicos, lo utilizan como antiinflamatorio y como 'antitumor'. El Dr. Folkman y otros investigadores lograron evidenciar que contiene moléculas con efecto *antiangiogénesis anormal.* La angiogénesis es el proceso biológico mediante el cual los capilares le llevan a las células la sangre con oxígeno y nutrientes. Existen dos tipos de angiogénesis, la *normal* y la *anormal*. Éstas son codificadas por nuestros genes y así pueden ser identificadas cuando se trata un proceso de angiogénesis fisiológico, o, por el contrario, uno anormal, por ejemplo angiogénesis para el cáncer u otra enfermedad.

"Las moléculas antiangiogénicas bloquearán selectivamente los capilares que le llevan la sangre con oxígeno y nutrientes *a procesos anormales como los tumores*, quedando así desprovistos de su nutrición indispensable, con la consecuencia lógica de su reducción de tamaño y eventual desaparición. Una buena noticia es que este extraordinario profesor e investigador de la Universidad de Harvard se encuentra hoy en día trabajando en la síntesis de moléculas antiangiogénicas a partir de las del cartílago de tiburón para crear terapéuticas biológicas de uso endovenoso para tratar el cáncer, con lo cual, la angiostatina y la endostatina + otras, en un futuro serán 'terapias biológicas' para el cáncer debidamente autorizadas por la Administración de Alimentos y Medicamentos (Federal Drugs Administration, FDA).

"También vale la pena mencionar lo que se publicó en periódicos diversos, presentado en la Academia de Médicos de Nueva York y en el programa de televisión en Estados Unidos "60 Minutos", respecto de los resultados de trabajos de investigación del Hospital Militar de Cuba hechos por los doctores R. Menéndez y F. Brito, con la participación del Dr. William Lane, en el cual le suministraron dos gramos por kilogramo de peso de polvo de cartílago de tiburón a veintinueve pacientes con diferentes tipos de cáncer en estado terminal. Los resultados fueron sencillamente satisfactorios, reflejados en un alto porcentaje de remisión de los tumores, control de la enfermedad y sobrevida a cinco años con muy buena calidad de vida."

De mis notas sobre el cartílago de tiburón, quiero agregar a lo conversado con el Dr. Romero una descripción que tomé de Wikipedia:

El cartílago de tiburón es un producto alimenticio con propiedades para regenerar las articulaciones. Es rico en glucosamina, sustancia que estimula la síntesis de proteoglicanos, propia de las superficies articulares. Además se le atribuyen efectos para inhibir la angiogénesis, formación anormal de vasos sanguíneos, proceso común en multitud de patologías del aparato locomotor. A mediano o largo plazo puede calmar el dolor y malestar asociado a enfermedades como artritis o artrosis. También es un complemento de las dietas de los deportistas, que lo utilizan para evitar el desgaste de las articulaciones por el supuesto exceso de ejercicio. Es un producto natural que normalmente se comercializa en las herboristerías, casi siempre acompañando a minerales y aminoácidos para regenerar el cartílago de la articulación dañado.

LR: —Pero respondamos de manera ordenada algunas preguntas usuales sobre el misterioso cartílago de tiburón.

"¿Para qué sirve el cartílago de tiburón? Por su contenido en glucosamina y condroitina, tiene un efecto protector de las articulaciones. Además, su riqueza en calcio, fósforo, magnesio y otros minerales, potencian dicho efecto.

"¿De dónde proviene? Se extrae del esqueleto de los tiburones, que, a diferencia de los mamíferos, está compuesto por cartílago y no contiene un verdadero tejido óseo. Las aletas de tiburón se han venido utilizando en Oriente desde hace siglos, pues son una fuente de proteínas, mucopolisacáridos (sustancias tipo gel que se encuentran en las células del cuerpo), calcio y fósforo. Su uso era meramente doméstico para realizar sopas.

"Actualmente, y después de numerosos estudios, se ha descubierto que el cartílago de tiburón es algo mayor que un ingrediente sin más. Por cierto, es importante indicar que aún existe un gran debate sobre los resultados de esos estudios, pero éstos afirman que el cartílago es un potente antiinflamatorio y analgésico, además de estimulante del sistema inmunológico, y también es un potente inhibidor tumoral. Por lo que es muy recomendable su uso en todo tipo de dietas, pues su ingesta no presenta ninguna reacción adversa. A mí me lo recomiendan en mi protocolo y lo consumí por espacio de dos años, hasta que la marca que compraba desapareció del mercado, pues la Administración de Alimentos y Medicamentos (FDA, por sus siglas en inglés) había cerrado los laboratorios en donde se preparaba, pues la poderosa agencia no tiene aprobado este producto como uno para uso anticáncer y aparentemente los laboratorios que lo producían reclamaban en las etiquetas o promociones esa característica específica.

"El cartílago de tiburón contiene principalmente, además de colágeno y sulfato de condroitina, una serie de carbohidratos complejos llamados mucopolisacáridos que en piel y mucosas se asocian con el colágeno para ser un potente remedio contra las bacterias. Por esto el cartílago tiene grandes propiedades terapéuticas.

"Algunos de los beneficios que nos aporta son el estímulo de la producción de anticuerpos que mejoran nuestro sistema inmunológico. Es un antiinflamatorio natural que ayuda en la recuperación de los tejidos, por lo que es muy recomendable cuando se tiene artritis. Ayuda en enfermedades como la psoriasis y la retinopatía, por sus efectos regeneradores.

"Muchos lo consideran una gran fuente de proteínas, por lo que es recomendable en dietas de crecimiento muscular. Además, sirve para que nuestras articulaciones se fortalezcan y suframos menos lesiones debido a que ayuda a los tejidos a recuperarse antes y poder así afrontar de nuevo el ejercicio. Pero, ante todo, se considera un alimento que previene el cáncer, debido a su alto contenido en sustancias protectoras de las células. Se suele presentar en polvo o en cápsulas que se pueden encontrar en tiendas especializadas, herboristerías y farmacias. Aunque es enteramente inofensivo para el organismo, es recomendable informar a nuestro médico de su ingesta."

En este librito puedo afirmar con toda certeza que en mi caso funcionó, pero es importante recordar que cada uno de nosotros somos muy diferentes. Cuántas veces no hemos escuchado de mujeres con cáncer de seno cuya recuperación ha sido admirable y de otras que han vivido experiencias trágicas, y la respuesta es precisamente que todos somos distintos y respondemos de manera diferente a los tratamientos. Ahora bien, hay que decir también que si el uso de estos productos que menciono se ha generalizado es porque han funcionado parcial o totalmente y que no deben ser menospreciados.

LR: —Otro producto suplemento nutricional es el jugo de noni, el cual se ha utilizado por centurias, y estudios realizados en la Universidad de Hawai permitieron identificar dentro de este suplemento muchos principios activos, que tienen varios efectos saludables en los seres humanos y animales. Lo único es que la cantidad que se ha de tomar debe ser un litro diario. Pero tiene buen sabor y buena tolerancia.

Debo mencionarles que cuando se ingieren ciertos suplementos nutricionales, en oportunidades nos podemos sentir "mal". Por ejemplo, puede aumentar o aparecer algún síntoma, como náuseas, mareos, dolores o incluso diarrea. Esto lo observó y estudió detalladamente el Dr. Carl Herzeimer, en Alemania, y lo señaló como la "reacción creada por los desechos de sustancias indeseables que el cuerpo necesita eliminar y que los suplementos nutricionales o químicos ayudan a remover cuando hacen efecto en nosotros". Estos síntomas son autolimitados y a mí se me pasaron en tres días y ya nunca volvieron.

También de mis notas, déjenme contarles lo que aprendimos del noni a través del tiempo y de la lectura de un librito sobre esta maravillosa planta, escrito por Walter Lübeck y Hendrik Hannes. Tiene más de dos mil años de ser citada como una planta curativa, por ejemplo en los escritos aryuvedas. Se encuentra de manera silvestre prácticamente en todo el archipiélago de las islas polinesias o del Pacífico, donde recibe el nombre de *noni, nonu* o *nono*. La existencia de la planta se extiende por Malasia, en donde recibe el nombre de Mengkudu, en el Caribe se llama árbol que mata el dolor.

El árbol de noni prospera normalmente en las regiones costeras hasta una altura de 400 msnm. Se encuentra con frecuencia en las proximidades de ríos de lava, en los que crecen sus raíces. Los campos de lava son muy frecuentes en el archipiélago polinesio, donde hay muchos volcanes activos. Los expertos explican que la lava enfriada es rica en nutrientes para las plantas y seguramente es la razón de los buenos suelos en muchas de esas islas.

El nombre científico del noni es *Morinda citrifolia* (en inglés, *Indian mulberry*) y se encuentra en el Pacífico Sur, África, Centro y Sudamérica, el Caribe, China, India y Filipinas, y aun en el norte del estado de la Florida, las existencias del fruto son inmensas. El mayor fabricante mundial de zumo de noni es Morinda Corporation, que sólo utiliza 5 por ciento de los frutos silvestres de unas ochenta de las ciento dieciocho islas que conforman la Polinesia Francesa, y esto para cubrir 90 por ciento de la demanda global. Es muy claro que las existencias están aseguradas.

Respecto de por qué el noni tiene poderes curativos, quizá la explicación resida en que tiene ochocientas veces más enzimas que la planta occidental que más enzimas posee, es decir, la piña, y además tiene más de cien sustancias vitales, como vitaminas, sustancias minerales, oligoelementos, aminoácidos y alcaloides, lo que la lleva a actuar en muchas personas en forma positiva y normalizadora de una cantidad increíble de trastornos de la salud. De hecho, se afirma que no existen muchas cosas en el mundo que puedan ofrecer tantas cosas buenas para la salud como el noni.

Ciertamente, deberíamos honrarlo, como desde hace cientos de años lo hacen los kahuna, sabios curanderos de la Polinesia, y utilizarlo como un regalo de esa gran farmacia que es la madre naturaleza. Un dato interesante es que la todopoderosa y severa FDA cataloga al noni como GRAS, es decir *generally regarded as safe*, o sea, es "básicamente seguro". En Oceanía millones de personas lo usan hace cientos de años como alimento de gran valor para la salud, lo increíble aquí es que noni llegó por primera vez a Estados Unidos en 1995 por un turista inquieto que viajó a Hawai y allí lo conoció. En síntesis, el noni consigue de forma muy sencilla que las casi tres mil millones de células del organismo puedan regenerarse continuamente, pues ayuda a que el organismo se deshaga de los desechos celulares tóxicos.

Alguien me preguntó hace poco si el noni no causaba reacciones alérgicas, y yo le respondí: "Recuerden que el ser humano de hecho puede reaccionar con alergias prácticamente frente a todo". Pero en la mayoría de los casos noni no debería causar ningún problema, más que un par de días con molestias generales en el estómago, pues el proceso de desintoxicación que se inicia con la ingesta de noni podría producirlo. Respecto de la dosis que me recomendaron, fue alta: un litro diario durante dos meses, pero esto nada tiene que ver con lo que una persona sana debe tomar. Algo críticamente importante es que se debe tomar noni treinta minutos antes del desayuno y treinta minutos antes de la cena, y es muy recomendable no cepillarse los dientes sino hasta después del desayuno y la cena. Nunca tome noni con cualquier otra cosa. Tómelo solo.

Cuando me encuentro una amiga o amigo con algún problemita, siempre les digo: prueben tres meses el jugo de noni y me cuentan. Quienes me han hecho caso no terminan de agradecerme. Siempre les he dicho: lo esencial para cada uno de ustedes es, como en mi caso, su propia experiencia, pues uno va a continuar con lo que le sea útil y eficaz.

Ahora bien, en esencia lo que buscaba el Dr. Romero era llevarme a un estado confortable de detoxificación. Me decía que el nivel de toxicidad en mi organismo debía ser muy alto, a consecuencia de los múltiples tratamientos de quimioterapia a los que había sido sometida durante los seis meses previos, que debíamos recuperar al organismo, y que con ello no sólo lograríamos más funcionalidad en mi organismo, sino además una mejor condición física para poder dar las batallas posteriores contra esta enfermedad, para que nuevos tratamientos —convencionales o alternativos— tuvieran un cuerpo mucho más receptivo, con lo cual su efectividad se vería asegurada.

LR: —Hablemos ahora de varias hierbas que son muy utilizadas tanto por la medicina tradicional china como por nuestra medicina natural indígena latinoamericana. La combinación de anamú (*Petiveria alliancea*), pau d'arco, té essiac y la papaya. El anamú tiene un efecto favorecedor de la normalización del metabolismo del azúcar y también como antiangiogénico (antitumor). Es un hierbajo que despide un olor intenso característico, con similitud al ajo rancio, por lo cual en inglés se le llama *garlic weed*.

"El anamú fue extensamente estudiado en Cuba por el Dr. Alberto de los Toyos Alcalá, cuyos trabajos clínicos y estudios científicos han servido como base del conocimiento moderno acerca de esta excelente planta. En diferentes estudios se le encuentran reportados efectos como analgésico y antiespasmódico, antiinflamatorio, inhibidor de la 'mitosis' (división y multiplicación de las células), modulador inmunológico, inhibidor de la formación de coágulos, y también ha sido reportado como promotor de la motilidad gastrointestinal (peristaltismo). Trabajos recientes en Brasil indican su posible acción moduladora de esa importante molécula, llamada en medicina interferón, que nos defiende y ayuda en las enfermedades virales y en el cáncer."

EL: —Te comento que yo tomé y sigo tomando anamú, y personalmente lo considero otro de esos bellos regalos naturales que nos ha obsequiado Dios.

LR: —En relación con el pau d'arco, la herbología europea e indígena lo reportan como un buen antimicrobiano 'de amplio espectro', conocido en muchos países de América Latina como 'indio desnudo'. Forma parte de los protocolos que utilizan los naturistas y se lo indican a personas portadoras de enfermedades sistémicas debilitantes y graves, y son múltiples los reportes satisfactorios sobre su empleo.

"El té essiac, desde su descubrimiento en Canadá en el año 1920 por la enfermera Rene M. Caisse, ha sido ampliamente empleado por los profesionales de la salud que se enmarcan en el uso de productos naturales. Está compuesto de una combinación de ocho hierbas, cuyos nombres en inglés son: *wild turkey rhubarb root, sheep sorrel, slippery elm bark, burdock root, watercress, kelp, red clover* y *blessed thistle*. Existen reportes en la información herbológica proveniente de Canadá sobre sus beneficios cuando es ingerido en forma prolongada por personas portadoras de enfermedades crónicas graves y debilitantes.

"La papaya, ampliamente utilizada en Brasil, Perú y Ecuador, también investigada en Estados Unidos, se emplea como terapéutica coadyuvante en las quimioterapias. La papaya es uno de los pocos productos con acetogeninas estandarizadas, las cuales interfieren drásticamente en la producción de la fuente de energía de la célula anormal o cancerosa, haciendo que éstas desfallezcan y mueran por inanición. Las acetogeninas también actúan como antiangiogénicas, afectando el crecimiento de los vasos sanguíneos que rodean las células anormales. Para poder vivir, las células anormales necesitan de mucha energía, y para ello las mitocondrias de la célula metabolizan la glucosa, produciendo así trifosfato de adenosina, que —podríamos decir—es la fuente de energía de la célula.

"A este trifosfato se lo conoce, por sus siglas en inglés, como 'ATP'. El Dr. Jerry McLaughlin es en Estados Unidos uno de los pioneros en la investigación de esta planta, la cual también crece en el oeste medio y el suroeste de ese país. Sin embargo, cabe señalar que no todas las especies de esta planta tienen el mismo contenido de acetogeninas; varían según la especie. Otro dato curioso en cuanto a la cosecha de esta planta es que solamente ciertas ramas pequeñas se utilizan para elaborar el producto, y que, según estudios del científico Dr. McLaughlin, se ha determinado la temporada exacta del año en que se la debe cosechar para obtener la mayor cantidad de acetogeninas.

"Existe un producto al cual hay que dedicarle un espacio:

"El samento o uña de gato (*Uncaria tomentosa* de Perú). Se elabora con una variedad muy peculiar de uña de gato del tipo definido fito-químicamente como variedad pentacíclica. No pretendo confundirlos con palabras o términos complejos, pero obligadamente hay que mencionar ciertos nombres. Existen dos tipos de uña de gato: la que predominantemente tiene alcaloides tetracíclicos, y que encontramos en la mayoría de las casas naturistas, y la del tipo pentacíclica, la cual es un suplemento nutricional tan poderoso que en países como Austria requieren receta médica.

"El samento tiene efecto antiinflamatorio, detoxificante, antiangiogénico y muchos otros, todos ellos mencionados en el libro, escrito en Bulgaria, por el autor y periodista Athanas Tzonkov. Se está usando en el mundo entero con buenos resultados, razón por la cual su empleo es sumamente recomendable. Los componentes biológicamente activos más importantes de la especie Uncaria son los numerosos alcaloides que contiene. Uno de los contenidos del samento son los flavonoides: las procyanidinas y taninos actúan como agentes antiinflamatorios y vasoprotectores, así como anticancerígeno. Esto lo logra mediante su efecto similar a la vitamina C y se señala que es tres veces más potente que la vitamina E. El ácido gálico contenido en él también refleja una acción antitumoral.

"La Uncaria tomentosa pentacíclica está incluida entre las monografías de plantas medicinales de la Organización Mundial de la Salud (OMS), Herbología Británica, Farmacopea Herbaria Americana y la prestigiosa edición de Praxis farmacológica europea. En la conferencia sobre samento realizada en Florida, Estados Unidos, el 10 de mayo de 2002, el Dr. Brian Lamb (médico herbólogo de Escocia) reportó que ciento por ciento de los pacientes terminales con cáncer tratados con este producto demostraron una mejoría significativa. El samento es un producto natural de muy relevante importancia, que se usa como suplemento nutricional, y que contiene principios activos sumamente beneficiosos para la humanidad."

LR: —Hablemos ahora —continuó— de la clorofila, el pigmento verde de todos los vegetales capaz de captar la energía de la luz solar para ser utilizada por las plantas como fuente energética para la síntesis de sus moléculas esenciales, con el fin de realizar su metabolismo. Su estructura molecular es muy semejante a la del pigmento de nuestros glóbulos rojos, la hemoglobina, indispensable para captar el oxígeno que respiramos y llevarlo a cada una de nuestras células.

"Muchos experimentos se han realizado en diferentes partes del planeta, en los cuales se les ha dado clorofila a personas que padecen de anemia (en éstas, las cifras de hemoglobina están por debajo de lo normal), y, con su uso oral prolongado, se ha observado mejoría en sus cifras disminuidas de hemoglobina (mejoría de la anemia), preocupación que es frecuente cuando enfrentamos el cáncer.

"Resumiendo los beneficios encontrados de la clorofila podríamos decir:

- Es depurador (limpiador interno).
- Aporta nutrientes indispensables para la buena función y estructura de las células.
- Eleva los niveles de hemoglobina.
- Protege las membranas celulares.
- Protege las mucosas.
- Es antioxidante.
- Es antimicrobiano de amplio espectro.
- Repara el ADN (antimutagénesis).

"En su revisión de literatura científica, estudios realizados en el Medical College of Virginia, de la Virginia Commonwealth University, la clorofila fue objeto de análisis como potencialmente favorable para estimular el sistema inmune y los glóbulos blancos que nos defienden, que son los limpiadores del terreno celular, de los líquidos corporales y de nuestras cavidades, y que, en esa tarea, nos ayudan a deshacernos de sustancias dañinas. Estos glóbulos blancos particulares se llaman *macrófagos*. También encontraron que la clorofila estimula el crecimiento de las bacterias amigas, como el *Lactobacillus*, las cuales ayudan al cuerpo a combatir a las bacterias enemigas, como la conocida *Escherichia coli*.

Julio Jr.: —Perdone que lo interrumpa, doctor, pero eso último que nos ha dicho me parece superútil: ¿también Alexandra y yo podemos tomar clorofila y así protegernos cuando viajamos y estamos más expuestos a las bacterias?

lr: —Claro que sí. Todos podemos tomar clorofila, a menos que un profesional de la salud nos prevenga no utilizarla, a causa de una situación específica como puede ser tener un número muy elevado de glóbulos rojos o una hemoglobina muy alta, o que vayamos a tomar tratamiento para hacer la sangre menos coagulable (a estas sustancias se les llama anticoagulantes).

"Otra cosa importante, Elizabeth, debo comentarte: cuando se trata de suplementación nutricional, no es como tomar medicamentos. Es decir, cuando nos prescriben una droga determinada, generalmente las dosis son mínimas, como una cápsula o quizá máximo tres durante veinticuatro horas. Cuando se trata de suplementación nutricional, muchas veces, como lo fue en mi caso, hay que ingerir tres, cuatro o seis cápsulas tres a cuatro veces al día, con lo cual, sumarán muchas cada veinticuatro horas.

el: —Dr. Romero, y tantas cápsulas y tabletas juntas ¿no intoxican?

lr: —No, Elizabeth. Cuando Dios creó estas hierbas nutricionales, permitió que tuvieran la capacidad de ser utilizadas en cantidades mayores y de manera simultánea para que su acción sea la esperada en cada caso en particular. Pero hay que estar claros en que, aun cuando son suplementos naturales, requieren la seguridad de uso bajo la orientación de un profesional de la salud bien documentado en la materia y suficientemente conocedor de sus usos y/o limitaciones de empleo.

el: —Profesor Romero, cuántas cosas e información maravillosa estamos aprendiendo con usted, que explica todos estos conceptos complejos de una manera entendible para nosotros, que no somos profesionales de su campo; ¿se quiere tomar otro vaso de jugo de jamaica y reposar un poquito?

LR: —Acepto, Elizabeth, ambas ofertas.

Luego de unos minutos de relatar algunos chistes, el profesor Romero de nuevo se puso de pie y dijo:

LR: —Muy bien, continuemos:

"Vamos a hablar ahora de procedimientos que sirven como coadyuvantes y que están propuestos por la medicina tradicional china y ayurveda, y están ampliamente difundidas y empleadas en casi todo el mundo. Nos referiremos a la acupuntura, la kinesiología y la detoxificación. Asimismo, se pueden mencionar los aspectos reportados como beneficiosos de la masoterapia, o masajes terapéuticos (terapias de masajes corporales y drenajes linfáticos) y lo que tanto insisten los maestros de la medicina de India: el uso del "reiki" como "fuerza bioenergética" para ayudar a la sanación. Haremos breves señalamientos de cada uno. En la milenaria medicina tradicional china, el concepto fundamental del ser humano es concebido como un ente bioenergético que puede generar, almacenar y gastar energía, la cual vive y opera en la salud o en la enfermedad, dependiendo de la armonía o desorden que tenga el flujo de energías vital corporal, de los órganos, de los tejidos, de las células, de las moléculas y, a niveles cuánticos, como lo preconiza el Dr. Chopra, el autor M. Adoran en su libro *The Electric Man* y otros... Según la medicina tradicional china, digo, todos estos niveles de energías viajan armónicamente por todo el cuerpo, a través de unos 'canales' llamados meridianos, mediante los cuales fluyen estas recién mencionadas energías.

"En la acupuntura se usan agujas delgadísimas que el médico acupuntor inserta en puntos específicos del cuerpo, llamados *puntos de acupuntura*, a diferentes profundidades en el punto de trabajo. Podrá imprimirle movimientos rotatorios e incluso en algunos casos empleará calor, frío y aun extractos de hierbas o medicamentos en estos puntos de acupuntura, para así lograr el efecto esperado en el determinado órgano afectado. En enfermedades debilitantes, como la que estamos analizando, Elizabeth, podrás acudir como yo lo hice a la ayuda de un médico acupunturista, si lo llegases a necesitar, por dolor, insomnio, trastornos del ánimo, decaimiento, falta de energía, etc... Yo soy testigo de lo increíble que es la acupuntura; te cuento que en una oportunidad padecí de un lumbago agudo severo, y con una sesión de acupuntura de cuarenta minutos, el dolor del lumbago fue desapareciendo lenta y progresivamente y al día siguiente no sólo no lo tenía, sino que no regresó.

"Mis ojos fueron testigos de algo que no olvidaré. En el hospital de la Cruz Roja de Caracas, un médico anestesiólogo acupunturista que vino de China, con base en acupuntura sedó, y aun durmió, a dos pacientes —sin gases anestésicos o anestesia intramuscular o intravenosa— a un plano suficientemente profundo como para que los cirujanos especialistas pudieran realizar en el primero una cirugía del cerebro y, en el segundo, una cirugía de la tiroides. Pueden ustedes apreciar todas las cosas extraordinarias que han hecho los chinos con estas técnicas durante más de mil quinientos años.

"Otra de las técnicas de la medicina bioenergética es la llamada *kinesiología*. Ésta podríamos definirla como una forma de comunicación y estudio de todos los niveles que 'conforman' al ser humano: físico, químico, electromagnético, emocional y de interacción con nuestro medio interno y el exterior, tanto para saber comprender lo que está pasando como para conocer de qué forma se pueden solucionar los diferentes problemas que padecemos. Los médicos especialistas en China son muy prolijos en el uso de esta técnica, y con ella son capaces de identificar los orígenes y relaciones que puedan tener diferentes signos y síntomas o enfermedades que podamos padecer. Vamos a explicar esto con un ejemplo:

"Si nos sentimos *espiritualmente decaídos*, según la kinesiología china el cuerpo tiene capacidad de identificar por qué se produce esa energía negativa de decaimiento. El especialista usa la fuerza muscular, por ejemplo levantando el brazo y oponiéndose con fuerza a cambiarlo de su posición erguida a la posición de descanso, y en este procedimiento le hace al enfermo la pregunta clave: '¿Te sientes decaído porque tienes problemas económicos?' y resulta que la pregunta se la está haciendo a alguien quien, precisamente, NO tiene problemas de esta índole. Cuando el kinesiólogo trata de moverle el brazo erguido, éste se mantiene firme; esto le indica al especialista que el decaimiento no es por problemas económicos. Le hace entonces una pregunta diferente: '¿Se trata de un problema con un familiar?', cuando le realiza la prueba de firmeza del brazo, éste se flexiona, con lo cual se concluye que sí se debe a una razón relacionada con un familiar.

"Esta respuesta es bioenergética, porque está respondiendo el sistema límbico cerebral, es decir, nuestro disco duro, que guarda toda la información: desde lo que pensamos, imaginamos, sentimos, hasta la resonancia bioenergética de bacterias, virus o moléculas tóxicas que podamos tener como invasores de nuestro medio interno y que, por medio de la kinesiología, obtenemos la respuesta de qué nos pasa, qué invasores o tóxicos tenemos, y estas respuestas las obtenemos de manera sencilla y, para la medicina tradicional china, *confiable*.

"De acuerdo con ello, es conveniente, Elizabeth, obtener esta información de una persona experta en kinesiología, como el Dr. Doug Phillips, cuando retornes a Estados Unidos."

EL: —Qué interesante todo esto sobre kinesiología, profesor Romero. Nunca antes habíamos escuchado hablar sobre ello, y son tantas las cosas que debemos aprender de la milenaria medicina tradicional china.

LR: —Así es, efectivamente. En el Oriente, la medicina tiene tantísimo que enseñarnos, por ejemplo, todo cuanto escudriñan dentro de nuestro organismo con métodos bioenergéticos, con mínima tecnología, y así ellos mantienen firme su sistema de salud, para mil setecientos millones de personas en China y mil cien millones en India, más el resto del Oriente...

"Es importante mencionar el gran desarrollo tecno-científico que está ocurriendo en Alemania en el campo de la medicina complementaria. Todo comenzó con la introducción de la homeopatía, a mediados del siglo XIX, y como ellos rápidamente han ido incursionando cada vez más en el aprendizaje y la práctica de otros aspectos básicos de ambas medicinas orientales, la tradicional china y la ayurveda profundizaron cada vez más en el desarrollo de aparatos e instrumentos para diagnosis y terapéuticas con base bioenergética.

"A propósito del siguiente tema de nuestra clase de hoy, vamos a conocer otra recomendación de estos sabios orientales, firmemente usada hoy en día en Alemania: cuando asistimos a congresos sobre medicina integrativa, o medicina naturopática, allí encontramos el tema: Desintoxicación o detoxificación, de cuyo tema habla en su libro la Dra. Sherry Rogers de Tampa, Florida. Por cierto, su título es sumamente peculiar: *¡¡¡Detoxifíquese o muera!!!* (así he traducido el título de su libro en inglés: *Detoxify or Die!!!*).

"Los maestros orientales exclaman que estamos minados por microorganismos que abundan en nosotros, aún más cuando padecemos enfermedades graves, debilitantes, y que ellos producen *toxinas* que nos empeoran, pero que no sólo estas moléculas dañinas provienen de estos microorganismos que conviven en nosotros, sino que además las adquirimos de la contaminación universal a la cual estamos expuestos. La Universidad Hebrea de Jerusalén tiene décadas investigando sobre los efectos de neurotoxinas provenientes de estos microorganismos y otros que nos minan la salud.

"En este sentido, el excelente profesor y médico alemán Dietrich Kleinhart recomienda —y nosotros lo hemos practicado en nuestra familia con buenos resultados— ingerir *enzimas del tipo que digiere a las proteínas,* esto basado en que estas toxinas son moléculas proteínicas, las cuales, al romperse por el efecto de dichas enzimas, dejarían de hacernos daño.

"Él recomienda la *Wobenzime,* de la que se deben ingerir *seis tabletas entre comidas,* para un total de veinticuatro al día. En la Universidad de Nueva York trabaja un científico, el Dr. Nicolás González, quien desde los años ochenta ha seguido los pasos de las investigaciones del famoso Dr. William Donald Kelley. A pacientes portadores del cáncer del páncreas, superagresivo y que a corto plazo tiene una letalidad de ciento por ciento, le dan una *rigurosa* BUENA alimentación, así como dosis altas de enzimas proteolíticas (ésas que digieren las moléculas de proteínas).

"Es importante mencionar que el Dr. González ha estado trabajando con el apoyo de fondos provistos, primero, mediante el Dr. Robert A. Good, entonces presidente del mundialmente reconocido Sloan-Kettering Institute for Cancer Research, de Nueva York, y, posteriormente, del Instituto Nacional de Salud de Estados Unidos (NIH, por sus siglas en inglés). Esos *pacientes terminales, con cortísima expectativa de vida, adquieren una buena calidad de vida y su* sobrevida *está sorprendiendo cada vez más a la comunidad científica occidental* = *buena calidad de vida e inesperada sobrevida, en pacientes con uno de los peores cánceres que se conocen. Esto lo veo como otro* Milagro de Dios.

"En este orden de ideas, también debo referirme a los trabajos de ese ser humano tan especial. Me refiero al genial Linus Pauling, quien ganó dos veces el premio Nobel, uno con el descubrimiento de la vitamina C, en 1954, y luego en 1962, el de la Paz. Los doctores Pauling y Cameron recomendaron el uso de la vitamina C, pero en dosis altas, de doce gramos diarios para personas con cáncer, porque el poderoso efecto antioxidante de esa vitamina iba a actuar haciéndole la 'vida imposible' a la célula cancerosa que no vive en ambiente aeróbico = oxigenado, como el aeróbico promovido por los antioxidantes como la vitamina C; además de este hecho, se favorecen los procesos de detoxificación.

"Cuando regreses a Estados Unidos, puedes ponerte en contacto con clínicas que practican estas recomendaciones de De-Tox, tales como la Dra. Rogers, en Tampa, Florida, o la Dra. Joan Vandergriff, en Fort Worth-Dallas, Texas. En esas clínicas practican protocolos orientales muy usados en varios países europeos. ¿Recuerdas, Elizabeth, el nombre de la muy famosa Dra. Ana Aslam, de Hungría, que atendía a presidentes de países y celebridades? Bueno, esas técnicas de De-Tox de baños con agua tibia en la bañadera con bicarbonato de sodio, por ejemplo, son una de las que señalan como muy buenas y efectivas.

"Ya casi para terminar esta clase, hablemos de otra técnica, muy depurada en Japón, China, India, y en años recientes en muchos otros países del planeta. Me refiero al reiki, una práctica *espiritual* (con explicación bioenergética) iniciada al final de la década de los años veinte en Japón por su creadora, Mikao Usui. Esta técnica se centra en la medicina tradicional japonesa reciente, y se refiere como la capacidad de activar "energías sanadoras" a través del cuerpo del afectado, con miras a su fortalecimiento vital y, con ello, combatir la aflicción que tenga la persona. Cuando acudimos a congresos de medicina integrativa, siempre encontramos presentaciones, conferencias o demostraciones de reiki, listadas dentro del grupo de terapias energéticas.

"Elizabeth, tuve la experiencia de estar en un congreso con demostraciones y prácticas de terapias no convencionales en Padua, Italia, y allí observé cómo utilizaban el reiki para aliviar los efectos colaterales de los tratamientos con quimioterapia, por ejemplo mareos y baja energía, así como el desánimo y la depresión; incluso los estados de náusea eran objeto de mejoría con esta técnica de imposición de manos.

"Allí también practicaban activamente las técnicas conocidas como masajes terapéuticos y drenaje linfático, y sus reportes eran satisfactorios en lo que se espera de este tipo de técnicas, como sentirnos mejor, con una mejor calidad de vida, con menos cargas de síntomas, y espiritual y mentalmente mejorados, para así poder seguir de manera frontal la pelea en contra del enemigo al que se ha de vencer. Esta enfermedad que, ya dijimos, es sistémica, nos ataca todo el cuerpo y es muy debilitante, razón por la cual cada vez que me toca disertar sobre el cáncer siempre digo: imaginémoslo que es como pelear con un gigante y la meta, por supuesto, es vencerlo; para lograrlo, tenemos que emplear todas las herramientas posibles, siempre tomando en cuenta que el doctor principal es el o la médico especialista-tratante. La cantidad de información escrita, existente en internet y en libros, sobrepasa grandemente nuestra capacidad de lectura y estudio; sin embargo, existen textos importantes, serios y recomendables.

"Vale la pena profundizar mucho más allá de lo que les he expuesto en la tarde de hoy, leyendo en internet o en libros a autores como el Dr. Deepak Chopra, Linus Pauling, Bárbara De Angelis, Andrew Weil, John Robbins, y uno en inglés, titulado *Definitive Guide to Cancer,* de W. Diamond, entre otros. Ahora sí, finalizando, parece mentira pero llevamos un poco más de tres horas de esta interacción de educación y promoción de la salud, empleando la columna vertebral de la prevención tal cual es: la educación en salud, y no me siento cansado. Pero todo llega a su fin, y, repito para terminar, les quiero hablar de una institución que sólo conozco por videos y por internet. Voy a comentarles sobre una clínica de medicina integrativa ubicada en Rosarito, Baja California, México, aproximadamente a una hora por automóvil desde San Diego, California.

"Tengo el relato del sitio por un amigo mío que estuvo allá, quien me lo describió (no sé si exageró) como la combinación de medicina de alta tecnología con lo máximo en confort cinco estrellas y un trato universal también superlativo, desde los médicos hasta el portero, de la máxima calidad y calor humano. Tengo deseos de visitar ese Instituto Sanoviv, en el cual lo que están haciendo, empleando lo mejor de la medicina convencional, combinándolo con lo mejor de la medicina natural-holística, sin duda es una lógica y muy humana salida a la realidad que hoy en día vivimos: las estadísticas crecientes de más y más casos de enfermedades crónico-degenerativas muy graves. Requerimos una medicina integral e integrada, humanizada, que mire al ser humano como un todo y que así le enfoque y confeccione los protocolos de diagnóstico y tratamientos.

"No hay razón para separar estas dos formas de ver al ser humano enfermo. Me refiero a la forma del Oriente y su medicina tal cual es, eminentemente una medicina natural, enfocada en el ser humano como la tríada espíritu-mente-cuerpo, que se centra en la búsqueda y ataque del origen de la enfermedad, y que le ofrece al enfermo un abanico de acciones por tomar y le da mucha importancia a los aspectos todos aquí conversados y muchos, muchos más, *versus* la medicina occidental convencional, centrada en el diagnóstico y los tratamientos de la enfermedad con el más alto respaldo de la tecnología.

"Como señala el Dr. Rafael Rivera, 'En cualquier punto del espectro, partiendo desde la salud hasta la gravedad terminal, lo que todos queremos es un estado funcional, el mayor bienestar posible. Un acercamiento holístico, es decir, la mezcla de pericia científica y métodos alternativos, es la combinación adecuada'.

"No veo razón por la cual no se pueda armonizar lo mejor de ambos mundos, mezclando la antigua e irrefutable sapiencia de nuestros hermanos del Oriente, quienes padecen de las mismas enfermedades que nosotros en el Occidente y se tratan y curan con técnicas, hierbas y procedimientos bioenergéticos como la acupuntura, la reflexología, los procedimientos de De-Tox, la reciente homeopatía de Alemania, etc. Tomando en cuenta que esa medicina les ha funcionado por milenios, no la podemos negar y son miles de millones de personas las que la usan y que alimentan y fortalecen lo espiritual como parte del trinomio inseparable del ser humano, y quienes le dan la importancia que tiene en la salud y la enfermedad a la *alimentación correcta* que debemos ingerir.

"Bueno, Elizabeth, Alexandra, Vanessa y Julito, quiero terminar diciéndoles que con Dios por delante y poniendo lo mejor de nosotros, el cáncer y cualquier calamidad que podamos enfrentar serán vencidos por nuestra fe y accionar pertinentes, tomando lo mejor de ambos mundos y ambas medicinas, y que los conocimientos que les he traído sirvan de semilla germinadora de frutos de salud para todos ustedes, recordando siempre que la salud es nuestro más grande y preciado tesoro, que debemos guardarla y cultivarla con propósitos y acciones, para así podernos garantizar aquello a lo que todos aspiramos: *un bienestar integral y duradero, con muchos años para disfrutarlo.*

EL: —Querido doctor, qué descriptivo y claro ha sido, enfocando y enseñándonos cosas complejas con un lenguaje que todos hemos entendido.

JULIO ENRIQUE, VANESSA Y ALEXANDRA LIGORRÍA: —Así ha sido, profesor, todo muy claro y sencillo. Le estamos todos, nuestros padres y nosotros, muy agradecidos por dedicarnos este tiempo.

EL: —Doctor, por favor una pregunta urgente: y ¿cuándo podré comenzar?

LR: —De inmediato. De hecho, Elizabeth, desde hoy puedes ya confeccionar tu nuevo menú, sin los alimentos refinados, con todo integral y muchas legumbres y vegetales en general, con la buena hidratación indispensable, más la oración-terapia, más la musicoterapia, el efecto Mozart, más la risoterapia… Meditación y visualización, etc… Te recomiendo buscar información en internet sobre cada uno de estos tópicos, y por supuesto cuando tengas en tu poder las otras sugerencias sobre los suplementos nutricionales, previa aprobación de tu oncólogo tratante, iniciarlos…

EL: —Profesor, y ¿cómo hago con el pan, la pasta y los postres?

LR: —No te preocupes, existen panes y pastas hechas de diferentes semillas integrales, como el pan y las pastas de maíz, de trigo y también de quínoa. Cuando regreses a Estados Unidos, puedes comprar el pan de la Biblia o pan de Ezequiel, de sabor delicioso y elaborado con germinados. Por eso cuando lo encuentres deberás mantenerlo en el frío del refrigerador. Postres: hoy en día también consigues, como en el pasado, postres elaborados con harinas integrales, endulzados con melaza o azúcar morena. También obtienes o puedes preparar en casa helados de fruta pura, o si lo requieres, utilizando leche de cabra o leche de almendras, esto está muy bien. Es muy importante comer balanceadamente, con los requerimientos de calorías correctas para cada veinticuatro horas. No debes engordar ni enflacar. Te recomiendo la orientación cercana del nutricionista para garantizar este aspecto.

EL: —Bueno, querido profesor doctor Romero, como dijeron nuestros hijos Julito, Vanessa y Alexandra, no tenemos palabras para agradecerle haber accedido a venir a la ciudad de Guatemala y dedicarnos estas horas llenas de tan rica e indispensable información. Que Dios y mi Virgencita le guarden por siempre a usted y sus seres queridos.

¿Qué es la detoxificación (desintoxicación)?

La mayoría de la gente asocia la palabra desintoxicación con drogas o alcohol. Esencialmente se trata de lo mismo, con la diferencia de que no se eliminan solamente estas dos sustancias. Uno va más allá de eso con el fin de eliminar años de toxinas creadas en el interior del organismo desde el momento mismo del nacimiento. Todos tenemos toxinas, incluso aquellas personas que llevan una dieta relativamente "sana". Mi familia entera es testigo de que la dieta más sana la he llevado yo en mi casa y mi núcleo familiar los últimos veinticinco años. Pero, como luego he comprendido, nadie está exento de dichas toxinas, las mismas se encuentran en el aire que respiramos, en el agua que bebemos, en los alimentos que ingerimos y en todo lo demás que de algún modo es absorbido por nuestra piel.

Y ¿cómo eliminamos esas toxinas? Nuestro cuerpo está diseñado para eliminarlas a través de vías principales, como los intestinos, riñones, hígado, pulmones, piel, así como otras vías de eliminación de toxinas, como la linfa y la sangre. Cuando nuestro organismo se sobrecarga de toxinas, estas vías no pueden realizar su función adecuadamente. Entre las posibles sobrecargas de toxinas se encuentran los alergénicos o sustancias a las que cada uno de nosotros somos alérgicos, tales como el polvo, el polen, el moho, los metales pesados y ciertos alimentos, entre otros. Y es aquí cuando se hace necesaria una detoxificación, que es esencial cuando una persona está evaluando una terapia holística, que es a lo que el Dr. Romero me condujo en meses posteriores.

La terapia holística se diferencia de la medicina occidental en el hecho de que utiliza al cuerpo para que se cure a sí mismo. El cuerpo no puede sanarse a sí mismo cuando el sistema recibe sustancias tóxicas permanentemente. Éste es uno de los motivos principales por los que las personas se desalientan cuando comienzan con un programa de terapia holística, ya que no ven los resultados.

Lo que con el tiempo he descubierto es que de verdad el organismo es una máquina muy inteligente y uno no puede engañarlo a pesar de todos los esfuerzos que haga. Uno simplemente no puede llegar a un punto de agotamiento y comprar algunas píldoras o tomar algún tipo de té y esperar que se efectúe una buena limpieza en su cuerpo. Debe hacerse apropiadamente; de otro modo, generará un círculo vicioso y seguirá reintroduciendo toxinas a su organismo. Por ejemplo, cuando el Dr. Romero me recomendó visitar la clínica de la Dra. Joan Vandegreif en Dallas, Texas, el propósito era que procediera a detoxificar mi colon por la vía de una serie de tratamientos colónicos que, dicho sea de paso, son sumamente delicados, pues se debe asegurar que el agua utilizada para ello sea realmente purificada —durante este periodo debería, asimismo, desintoxicar mis riñones—. Luego de eso tendrá que desintoxicar mi hígado. A continuación trabajaríamos sobre la sangre y el resto de su cuerpo.

Por ejemplo, alguien nos dijo que podría lograr la detoxificación muy rápidamente mediante ayunos programados. No es cierto. Las terapias de ayunos funcionan solamente cuando el organismo ya está en forma y se encuentra funcionando eficientemente. Se necesitan años de ayunos cortos y de mantener una alimentación adecuada para lograr una limpieza rápida. Asimismo, necesita de supervisión adecuada, especialmente si se embarca en un ayuno largo, pues de otro modo puede enfermarse gravemente de la cantidad de toxinas y de la rapidez de la eliminación de las mismas de sus órganos en su torrente sanguíneo. Así que, mucho cuidado con este tema, nosotros nos salvamos de cometer ese error gracias a la cercanía del Dr. Romero, quien nos aconsejaba y monitoreaba.

Dentro de las experiencias vividas hasta hoy y aspectos aprendidos para mejorar la salud, no sólo la mía, sino la de toda mi familia, les traslado lo más relevante:

Beba agua en abundancia diariamente. Beba cada día al menos entre ocho y diez vasos de ocho onzas (aproximadamente, 230 cm^3). Una persona pierde un promedio de entre tres y seis litros de agua en un día normal. De uno a dos litros se eliminan a través de la orina, y otra décima parte en la materia fecal. La pérdida de agua en estado gaseoso (vapor), cuando respira, podría llenar aproximadamente de una a dos botellas de agua de un litro por día y aún más en los lugares áridos. La transpiración completa hace perder entre uno y dos litros de agua adicionales en un día promedio, aunque dicha cantidad puede alcanzar uno a dos litros por hora en un trabajo físico intenso. Pero si usted está deshidratado, el hecho de ingerir toda el agua de golpe no le va a solucionar el problema tan rápidamente como usted lo sueña. El cuerpo solamente puede absorber un cuarto de litro por hora...

Como decía anteriormente, "vuestra alimentación debe ser vuestra curación". En consecuencia, una de las primeras recomendaciones del Dr. Romero fue que debía alimentarme con una dieta saludable, apropiada a mi actual estado de salud. Por eso actualmente como por lo menos una ensalada verde abundante todos los días (no la ensalada pequeña que se acompaña con la cena). Mi ensalada contiene hojas verdes, como la lechuga romana, la lechuga mantecosa, la *green leaf*—u hoja verde—, la espinaca, etc. *No contiene lechuga iceberg*: provoca gases y deja escapar los nutrientes minerales.

Sin fallar ingiero entre dos y cuatro tazas/porciones de verduras todos los días, crudas o ligeramente cocidas al vapor. La avena en el desayuno es muy buena. Yo ingiero 35 gr de fibra por día. Cinco frutas por día es lo recomendado. Aunque yo nunca logro comer tantas, sí ingiero fruta lo más que puedo. Hay que asegurarse de no tener problemas de azúcar en sangre. Los bananos suelen constipar a la mayoría de las personas —y en su mayoría contienen carbohidratos—. Sin embargo, en ocasiones consumo la mitad de uno, al necesitar potasio en mi cuerpo, algo que reconozco muy fácilmente.

Trato de no comer pan. Los carbohidratos almidonados tales como pan, pasta, papas/patatas, bagels, galletitas, panecillos, etc., lo van a constipar —incluso los productos de trigo integral—. La recomendación es dos o tres porciones de pan de granos germinados, libre de trigo, *por semana*. El doctor me recomendó el pan esenio (o pan de Ezequiel) producido con granos germinados y sin harina.

Hace mucho dejé de tomar leche, pero además el Dr. Romero me incluyó la advertencia: resulta ser que los productos lácteos producen mucosidad. El único producto lácteo con algún valor positivo es el yogur natural no saborizado y no endulzado, debido a la bacteria amigable que contiene, como por ejemplo el acidophilus, bifidus, que nos ayuda a liberarnos de los gases de nuestro organismo, a mejorar el sistema inmunológico y a combatir la candidiasis. La única leche que yo tomaba era la de soja o soya, hasta que el Dr. Romero me indicó que los productos de soja o soya descalcifican el organismo y generan gases a muchas personas.

Los jugos de verduras frescas son muy recomendables. Julio me compró un aparato especial para hacer este tipo de jugos, pues tanto el Dr. Romero como en la clínica Sanoviv, en Baja California, nos los recomendaron muy concretamente.

Otra de las recomendaciones del doctor es que debía tomar cápsulas de acidophilus, bifidus (o su equivalente líquido) dos veces al día. Las bacterias amigables son muy necesarias para un tracto intestinal saludable.

Debo confesar que me ha sido muy difícil, pero la recomendación es hacer algo de ejercicio. Realizar algún tipo de ejercicio cardiovascular al menos tres o cuatro veces por semana. Esto ayuda a mantener todas las funciones orgánicas, incluido el metabolismo, y da una sensación de bienestar general, tan importante para un enfermo de cáncer.

Lo que sí he hecho es tomar clases de baile y me han servido de mucho en varios sentidos, no sólo el físico, sino en el anímico.

Finalmente, el doctor me indicó que evitara al máximo los endulzantes o edulcorantes artificiales. Me recomendó cambiar a la stevia.

Los datos de este capítulo tienen un mero fin informativo. Como dije al inicio de este librito, mi intención es trasladar experiencias y sugerencias con el ánimo de dar luces a cientos de mujeres que enfrentan esta tremenda enfermedad, pero de ninguna manera existe intención alguna de adjudicar una cura para el cáncer o condición de salud.

Lo mejor es, como de costumbre, consultar a su médico antes de efectuar cambios en su dieta o en los medicamentos que pueda estar tomando. No debería reemplazar el consejo o tratamiento médico. Pero, reitero, la única persona que puede darle mejor información es su médico oncólogo, pues sólo él o ella lo conocen a usted y a su cáncer. Su médico es la única persona en la que usted debe confiar para pedir consejo, por ello decía en un principio lo críticamente importante que es que la selección que haga de su médico cumpla una serie de requisitos que le aseguren que no sólo tendrá una sólida asistencia profesional, sino que podrá manejarse en una zona de total confort con él o ella.

Dieciocho meses sin químicos

El resultado de haber seguido las recomendaciones del Dr. Romero, combinadas con los diseños de protocolos convencionales efectuados por mis oncólogos, se tradujeron en un estado de bienestar como nunca lo había percibido. Hoy, luego de estar ciento por ciento sin químicos en mi organismo y seguir una disciplina de vida muy sana y con mínimos niveles de estrés, me doy cuenta de lo importante que es para todos seguir dietas muy sanas, hacer ejercicio y, ante todo, alejarse del enemigo silencioso más poderoso y destructor que hay: el estrés.

En mi vida, los niveles de estrés no fueron altos de manera permanente. Al menos eso he creído. La verdad es que uno no puede percatarse a ciencia cierta cuándo está bajo estrés y cuándo no, la vida cotidiana en el mundo contemporáneo nos impone una serie de factores estresantes, imperceptibles, pero que debemos aprender a reconocer. Por eso lo mínimo que debiéramos hacer mientras aprendemos a reconocerlos es seguir todas las recomendaciones simples y sencillas que de cualquier manera deberían formar parte de nuestros hábitos de vida. Éstas son:

- Hacer ejercicio físico todos los días, descansando un día a la semana.
- Realizar actividades al aire libre.
- Escuchar música de relajación.
- Aprender y efectuar rutinas de yoga al menos tres veces por semana.
- Hacer ejercicios de meditación cinco minutos al día.
- Amar al prójimo.
- Nunca pelear con nadie. La discusión con nivel es sana; el pleito, no.
- Reír con los amigos.

Llego hasta aquí con este capítulo 9 recordándoles el proverbio con el que lo inicié: *La salud sólo se valora adecuadamente cuando se ha perdido.*

Capítulo 10

Entre ballenas y focas

No es suficiente llegar al río
con el deseo de pescar. Hay que
llevar la red de pesca.

Tso Tschwan

❧

COMO EN OTRAS OPORTUNIDADES, TODO parecía estar bien, dentro de lo que la fe y el tratamiento de mi enfermedad lo permitían. El 22 de diciembre de 2006, estando muy tranquila en casa con Julio, mis hijos y mis papás que habían llegado a visitarnos, de repente me sobrevino un dolor en la parte superior de la espalda que me provocó un desmayo. Julio me dijo días después que cuando me sobrevino el dolor, escuchó un golpe seco desde mi interior. Así que sin pensarlo y ante el desmayo, la llamada obligada fue al 911 y, conducida por los paramédicos, llegué a la emergencia del hospital Baptist. Pocas veces como en ese momento el dolor había llegado a desmoronarme, y ocurría en la víspera de las fiestas navideñas y ante los ojos de mi familia...

No deseo narrar los momentos vividos en aquella crisis de dolor y múltiples exámenes, pues en nada contribuirán; sólo puedo decir que deseo olvidarlos. Me aplicaron drogas con enorme poder de sedación, lo cual me irritó muchísimo, pues no tolero la sola idea de ingerir sedantes. Dios me premió con dotarme de un umbral muy alto de dolor, pero esta experiencia me venció, como nunca antes en mi vida.

Así pasé esas fiestas, meditando en compañía de mi familia y viendo el futuro con mucha fe, aunque acongojada por la experiencia del día 22. Si en algún momento se me hizo indispensable la oración, fue en ése: la incertidumbre de una nueva crisis igual o mayor a ésta me atormentaba, y en lo más profundo de mi alma buscaba un poquito extra de fortaleza.

Días después de la Navidad del 2006, Julio hizo los arreglos para que viajáramos en los primeros días de enero a la famosa clínica Sanoviv en Baja California, la que, como recordarán, nos fue muy recomendada tanto por el Dr. Romero como por la Dra. Vandegrief, de Dallas. El 15 de enero de 2007 iniciamos un viaje desde Miami a la ciudad de San Diego, California, y de allí por automóvil hasta el pueblo de Rosarito, en Baja California, México. Allí se ubica la clínica, uno de los centros de medicina integrativa más completos del mundo, sin duda la instalación holística mejor equipada del hemisferio y una de las esperanzas más grandes para quienes tenemos fe en la recuperación o, al menos, en el mejor manejo posible de la enfermedad.

Considero muy importante para mis lectores que conozcan lo que es este centro de atención que usualmente atiende pacientes con enfermedades crónicas graves. Hay momentos en el transcurso de esta enfermedad cuando se hace difícil hallar tratamientos que le hagan sentir bien interior y exteriormente. Muchas veces nos encontramos con tratamientos correctos en un ambiente incorrecto, o por el contrario, en ambientes correctos, pero con tratamientos incorrectos. En el fondo de mi alma sentía que el gran esfuerzo que estábamos iniciando con esta nueva experiencia tendría algo nuevo para superar las mil y una barreras que el rigor del tratamiento imponía a estas alturas.

Estaba yo consciente de lo delicado de mi situación; sin embargo, y como siempre lo platicamos con mi esposo, todos los días daríamos la gran batalla. La búsqueda de esta nueva opción era parte de eso y se producía en condiciones especialmente complicadas en todas las direcciones; la más grave era ese episodio de las fiestas, y en las cuales realmente me sentí impotente ante el dolor. Señalo este momento, porque si bien a lo largo de toda la enfermedad atravesé por algunos difíciles, este nuevo había llegado sin previo aviso, superaba todo lo imaginable y me enfrentaba con la máxima crudeza a la ineludible realidad médica: por un instante, me sentí grave y aun llegué a pensar en mi dolor: que no saldría adelante. Las oraciones me permitieron remontarlo y continuar el camino.

Pero volvamos a la clínica Sanoviv. Integra bajo un mismo techo toda la medicina. Incluye homeopatía, alopatía, medicina tradicional, campos electromagnéticos, terapias de oxígeno en cámaras hiperbáricas y todo lo que va surgiendo en el campo científico para ayudar a quien tenga una enfermedad crónica de cualquier tipo. Integra lo holístico con todo tipo de especialistas y eso la convierte en una instalación médica de última generación.

Al llegar me sentí como en un hotel y balneario de cinco estrellas, ubicado en un sitio ecológico hermoso, frente al Océano Pacífico. El edificio, mobiliario y hasta la ropa para estar que nos dieron al entrar, toda blanca, hacía un muy agradable y acogedor contraste con el azul profundo del océano. Por supuesto, la sensación de paz y tranquilidad que nos invadía era un factor con el que jugaríamos decisivamente en esos días. El majestuoso océano y la paz de ver focas y algunas veces hasta ballenas en el horizonte hacían que mi mente y mi espíritu se fortalecieran. Admiraba la grandiosidad de nuestro planeta y pude olvidar durante muchos ratos el tema del cáncer. La caída del sol cada tarde, el arrullador sonido del mar y las caricias de la brisa en el rostro me dieron lo mejor de cada momento que compartimos mi Julio y yo en esta etapa. Jamás podré agradecerle a la vida lo suficiente por estos momentos, acaso una compensación al dolor y la angustia de los días recientes.

Fue en Sanoviv donde supimos de los resultados espectaculares alcanzados en ese ambiente en tratamientos contra el cáncer de próstata, de pulmón y de seno, así como en aquellos para aliviar la fibromialgia y mucho más. Un ambiente de paz, tranquilidad, así como la abundancia total de buena salud que se experimenta en el lugar me daba nuevos ánimos para olvidar los momentos dolorosos prenavideños y empezar el año buscando lo mejor de la vida. Al cabo, yo sabía que sin luchar perdería rápida y dolorosamente cada jornada ante la enfermedad.

Buscar esta clínica fue una decisión correcta. Durante treinta días fui expuesta a una rutina de desintoxicación muy estricta, recibí terapias de oxigenación en la cámara hiperbárica y me efectuaron una biopsia hepática para diseñar una vacuna a la medida de mi cáncer. La vacuna en etapa experimental aún no ha sido aprobada por la Administración de Alimentos y Medicamentos (FDA), pero ya es aplicada en Europa y algunos países de América Latina, como México, Chile y Brasil, y se basa en tecnología desarrollada por un grupo de científicos suizo-chileno que ha autorizado a la clínica y al Instituto Politécnico Nacional de México para implementarla.

Y es en este momento de estas reflexiones donde veo obligado pensar en el tema de la calidad de vida. Con esta enfermedad tan desarrollada, pensar en el día siguiente siempre es todo un ritual que oprime el alma; el dolor está presente real o virtualmente y es parte de la realidad ineludible. Es un tema que va mucho más allá del temor o del recuerdo, pues anida en cada momento, y, cuando nos da muestras estremecedoras de su existencia —como me ocurrió en ese diciembre del 2006—, el espíritu flaquea y la fortaleza negocia su consistencia en nuestras reflexiones. En muchas personas, el cáncer reduce la ilusión de continuar el camino, pues hace del dolor un nubarrón constante, que nos acecha y ataca sin aviso ni esperanza de solución inmediata. Es, simplemente, una forma en que se nos escapa el brillo de los ojos y la alegría, si es que lo permitimos.

Por eso pongo énfasis en estas reflexiones sobre la calidad de vida. No es preciso bañarnos en bienes materiales para alcanzar el máximo nivel de vida en estas condiciones. Es la sonrisa, la paz interior y el valor por luchar lo que nos ayuda mayormente a sobrevivir. Con ánimo y decisión, la realidad que nos rodea puede convertir cualquier ayuda o apoyo en un factor para mejorar la calidad de vida. Con esto no eximo a nadie de procurarse el mejor tratamiento posible. Creo que es una obligación de quienes padecemos la enfermedad buscar con fe y optimismo el mejor tratamiento que esté a nuestro alcance. Sin desmayar, con ilusión, con esperanza de que las manos de los médicos y las instituciones hagan el mayor esfuerzo para que nuestro paso por esta experiencia sea el mejor posible.

Un tratamiento médico, aun en las circunstancias más complejas, debe ser parte de una decisión de vida por sentirse y estar mejor. Al inicio de este capítulo, cito una frase que encontré leyendo justo en los días que aquí relato. Confirmé que no era sólo someterme al rigor médico esperando estar bien, sino, además, tener la presencia de ánimo para ser optimista y estar dispuesta siempre a aprovechar el esfuerzo tanto en nuestro cuerpo como en nuestra alma. Necesariamente, debemos tener el coraje para alejar la tristeza, aun el dolor físico, y continuar el camino confiando en que el día siguiente será mejor que el actual. Una esperanza fortalece el alma siempre; en estas circunstancias, permite asirnos a un pedacito del futuro con una sonrisa indispensable ante la realidad.

Los días en Sanoviv se iniciaban con una rutina de exámenes generales, como toma de presión arterial, temperatura corporal, en algunas ocasiones incluía muestras sanguíneas, etc. Luego bajábamos a desayunar comida orgánica, en una dieta totalmente diseñada para producir efectos de desintoxicación en el organismo. Durante las mañanas se desarrollaban distintas actividades relacionadas con las terapias que habían sido especialmente diseñadas para mí, las cuales se efectuaban bajo la supervisión de especialistas. Siempre, a media mañana, había un momento para tomar un refrigerio, luego continuábamos hasta que llegaba la hora del almuerzo, por la tarde, había momentos para relajación, algunas terapias más y finalmente la cena. Luego nos retirábamos a nuestras habitaciones a descansar.

Fueron días muy intensos y a la vez estimulantes, pues a medida que pasaba el tiempo me daba cuenta de lo afortunada que era, primero porque mucho de lo experimentado en esta clínica con los médicos confirmaba paso a paso que la asistencia que había tenido de mi oncóloga durante todos estos años había sido más que correcta, y que el haber asumido las recomendaciones del Dr. Romero sobre dietas y estilo de vida también había constituido una buena decisión; además, me estimulaba ver que había muchos progresos en la investigación sobre enfermedades crónicas y eso me daba mucha esperanza y fortalecía mi estado de ánimo.

Y, dicho lo anterior, retomo mis conclusiones sobre muchas de las reflexiones que se me permitió hacer durante esos cuarenta días en Sanoviv. Creo que vivir cada momento en su máxima intensidad, aprovechando cada oportunidad de sonreír, nos ayuda a esperar y lograr de cada esfuerzo el mayor resultado factible. Por eso es que incluyo esta brevísima reseña de la clínica. Sin conocimiento científico alguno, busqué en más de una oportunidad sacarle una sonrisa a la adversidad; ya con una explicación médica sobre los beneficios físicos de sentirse y estar un poco más confortable que de costumbre, comprobé que así como es importante la oración y la fe, la actitud ante la realidad puede hacer que nuestra batalla médica avance en mejor forma.

En este breve capítulo, mi intención es dejar por escrito una recomendación adicional sobre un centro muy especializado, que brinda soluciones alternativas que, como suele ser, en muchos casos funcionan y en otros muchos no. Nuestra experiencia luego del extraño suceso acontecido en diciembre del 2006 es que sí nos funcionó.

Tras de esa visita las cosas mejoraron y retomé mis rutinas en Miami con mis oncólogas del Memorial Breast Cancer Center, en Hollywood. Mi actitud, sin duda, había variado sustancialmente luego de ver tan de cerca el dolor y luego, contrastarlo con la paz y el bienestar de esos días, inolvidables en tanto valiosos para el espíritu.

CAPÍTULO 11

La recta final

¿Sabrías mi nombre
si te viera en el cielo?
¿Sería lo mismo
si te viera en el cielo?

"Tears in Heaven", ERIC CLAPTON

CUANDO ESCUCHO LA CANCIÓN QUE Eric Clapton le escribió a su hijo, irremediablemente me viene a la mente mi personaje inolvidable: mi abuelito Tati, don Camilo Bianchi, el papá de mi papá, que murió en 1977 y de quien sólo hasta hace muy poco dejé de sentir su presencia al lado mío. De hecho, hubo momentos que, de la nada, estando con Julio en nuestra casa en una tarde de sábado en Guatemala, le decía... "aquí está Tati" e inmediatamente me ponía a sollozar. Fui una niña que disfrutó mucho a su abuelo. Lo amaba y me amaba, viajaba de vacaciones con él a su finca de caña de azúcar y pasaba horas gozándolo. Cuando falleció producto de un cáncer de piel, la pérdida fue irreparable, y el golpe para mí, devastador. Si algo me da ilusión de todo esto es que volveré a verlo y veré si las palabras en la letra de "Tears in Heaven" tienen respuesta.

Probablemente moriré cuando quiera morir. Estoy muy segura de que mi Virgencita ya ha intercedido por mí, para que se me permita llevar esto de la mejor manera y eso en mucho me tranquiliza. En estos años, si algo he aprendido, es a conocer casi a la perfección el funcionamiento de mi organismo. Sé cuando algo anda bien y cuando anda mal, tengo una conciencia casi matemática de mi ciclo vital. Esta vez las cosas no están bien, lo percibo, lo siento, lo entiendo y creo que el momento de la transición está cerca, mas no será antes ni después de lo que necesito. Éste es el capítulo final del librito, no lo estoy escribiendo, lo estoy dictando a Julio a ratos y en los momentos que puedo.

De hecho, ayer me despedí de Julio, a solas. Fue lindo él, al tomar la iniciativa y decirme que cuidaría de mis papis y de mis hijos. Que no me preocupara, como si yo no supiera que este angelote que Dios me regaló se hará cargo de todo. Nadie sabe que ya hemos previsto con Julio que algo puede salir mal. Es la primera vez que nos despedimos. Jamás en estos seis años y meses habíamos dudado sobre mis posibilidades de vida, pero hoy las cosas se han puesto difíciles y complicadas. Visito el hospital dos veces por semana para que me efectúen un procedimiento llamado paracentesis, que se hace para sacar el agua acumulada en mi abdomen, producto de la ascitis que me afecta. Mi hígado al parecer no está funcionando bien y eso me produce la retención de agua en el estómago. Me hace recordar a Ana Luisa antes de su partida, sólo que yo no tengo ni una llaga, gracias a Dios. Los marcadores se han disparado hacia arriba y hay un descontrol total en todos los análisis de sangre que me hacen periódicamente.

Cuando salimos de casa en aquella madrugada, algo me decía que no regresaría. Julio se había esmerado mucho en comprar una nueva sala, que yo había estado pidiendo. Habíamos escogido juntos una nueva cocina y él ya la había comprado. Era un trabajo mayor, pues consistía en cambiar todos los gabinetes, la iluminación y todos los aparatos. También era una ilusión que he tenido y ya la había ordenado, de hecho empezarían muy pronto los trabajos, eran parte de mis regalos, decía él.

Recién había cumplido mis cincuenta años, Julio me dio una fiesta sorpresa a la que acudió prácticamente toda la familia, sólo mi hermanita Claudia y Leo, su esposo, no vinieron, porque ella era la encargada de la primera comunión de un grupo de niñas en el colegio y no encontró quién la sustituyera.

La fiesta fue un regalo inolvidable. Las celebraciones se iniciaron el día de mi cumpleaños, viernes 8 de agosto, con un almuerzo con mis hijos y Julio; el 9 fue la fiesta sorpresa en el hotel Mandarín Oriental, en Brickell Key. Fue maravilloso llegar engañada por Julio, quien me dijo que almorzaríamos en un nuevo restaurante de especialidad árabe en ese majestuoso hotel y que la etiqueta consistía en vestir lino blanco, así que todos llegamos vestidos así. Para mi sorpresa, cuando se abrió la puerta, allí estaba toda nuestra familia de Guatemala, varios amigos de distintas partes de América Latina, mis papás y hermana, todos nuestros amigos de Miami, todos con prendas de lino blanco. Era maravilloso, mi corazón latía a mil, no pude contener las lágrimas y ellos tampoco, fue un momento mágico que mi eterno novio produjo, con la complicidad de mis hijos.

Julio le había pedido al mundialmente famoso arpista Roberto Perera que amenizara la fiesta, también invitó a una bellísima cantante venezolana sobreviviente de cáncer, Xiomara Goicochea —y a su esposo—, quien le puso un tono muy especial a la celebración, que se inició a la 1 de la tarde y terminamos a las 9 de la noche en la suite que Julio había tomado sólo para él y para mí, con el fin de pasar ahí la noche y no tener que retornar a casa. El domingo 10 tuvimos un almuerzo de todos los que viajaron para la fiesta, en el restaurante Il Mulino, en Sunny Isles, frente a la playa, y el lunes despedimos a la familia con un almuerzo en la Trattoria Sole. En todas y cada una de las celebraciones me cantaron "Happy Birthday". Ya era demasiado… me llenaron de amor y fui muy feliz de haberlos visto a todos. Parecía como si hubiera sido mi despedida.

Aquella madrugada salimos de nuestra casa en el sur de Miami hacia el hospital Hollywood Memorial en el norte de Miami, de emergencia total; el recorrido de cuarenta y cinco minutos, Julio lo hizo en treinta y a mí me parecieron horas. Llegué muy afectada y casi de inmediato fui sedada, permanecí en el hospital como diez días, pensé que no salía pero la llegada de mi suegra y de mis cuñadas me inyectó vida y mucho ánimo.

A efecto de no tener que regresar hasta el sur y estar relativamente cerca del hospital, Julio rentó un apartamento en Hallandale Beach, en un complejo que se llama Beach Club, compuesto por tres gigantescas torres y un complejo de piscinas y spas de muy buen gusto. Fue genial.

Como les decía al inicio de este librito, soy totalmente marina, y estar frente al mar en un piso catorce con todas las comodidades era algo que me nutría emocionalmente. Vimos manatíes cerca de la playa, luego delfines y una raya que llegó casi hasta la orilla, el paso de gaviotas y albatros, así como de pelícanos rasantes de los edificios, lo que me ha enloquecido como a una niña, y todo desde mi habitación que Julio se encargó de acondicionar con camas especiales para mi total comodidad.

Debo ser fuerte, me he dicho. Percibo estar en la recta final y me tranquiliza pensar que la mejor herencia que puedo dejarles a mis hijos la he construido a lo largo de estos seis años. Estoy segura de que dejo un buen recuerdo y que siempre se sentirán orgullosos de su mamá. A todos los que leerán este librito les envío todo mi amor, a mis hijos lo que ya saben, siempre estaré a su lado, a mi gordo sólo decirle que nuestra felicidad y amor serán eternos.

Mis últimas palabras escritas son para los millones de mujeres que sufrirán este proceso. Ruego por ellas, ruego porque tengan amor a su lado, ruego por protocolos integrales y más eficaces, ruego por todas ellas, amen, ante todo amen, recen a Dios y procuren tener un oncólogo responsable como la que yo he tenido. Gracias mil, gracias, mi doctorcita Pérez.

Epílogo

Escribe Vanessa Ligorría de Illescas:

Antes de que se imprima este librito, como lo ha descrito mi mami, he consultado con mis hermanos y con mi papi y hemos decidido pedirle permiso a nuestros amigos y vecinos de años, Bruce y Cherril Rubin para reproducir las palabras que Bruce escribió y leyó despidiendo a mami en el atrio de la iglesia de la Pequeña Flor, en Coral Gables, Florida. A manera de epílogo, helas aquí.

Me llamo Bruce Rubin. Mi esposa, Cheryl, y yo hemos sido vecinos de esta maravillosa familia desde el mismo día en que se mudaron justo al lado de nuestra casa, aquí en Miami, hace ya dieciséis años.

Tal vez ustedes se pregunten: ¿Qué puede decir un vecino... y no un amigo íntimo o un familiar? ¿Cuál es la visión que tiene este vecino casual?

Naturalmente, y como todos sabemos, la respuesta es que a veces las observaciones de una persona que no participa directamente del día a día pueden ser muy acertadas y objetivas. A menudo se pueden ver las cosas desde otra perspectiva. Y ésta es mi perspectiva.

En el campo de batalla, a veces vemos cómo hay soldados que son capaces de llevar a cabo grandes actos de valentía, dando su vida durante los mismos, y salvando con ello la vida de otras personas... y con justa razón esas personas son consideradas *héroes*.

Y, ciertamente, los hombres y mujeres valientes de los departamentos de Bomberos y de la Policía que acudieron a las Torres Gemelas en la ciudad de Nueva York para rescatar a cientos... a miles... de personas arriesgando sus propias vidas, y en muchos casos perdiéndola, *son héroes*.

Pero a veces un héroe surge donde uno menos se lo espera. En ocasiones, una persona común y corriente realiza actos tan extraordinarios y se comporta de una manera tal que hace que los demás literalmente nos maravillemos ante el valor, la fortaleza y la alegría de ese ser humano, que enfrenta una enfermedad que no se detiene y que no perdona, y eso hace que él o ella se transformen en héroes ante nuestros ojos.

Elizabeth, por definición, es esa clase de heroína. ¿Cabe alguna duda? Ella se enfrentó con la enfermedad cara a cara, y le ordenó que se apartara de ella. Es posible que haya tenido cáncer, pero jamás permitió que esa condición la definiera. En su lugar optó por hacerle frente y al mismo tiempo pudo llevar una vida normal mientras luchaba contra la enfermedad.

Ella pudo alcanzar la disciplina que se necesita para luchar contra esta enfermedad en todas las formas posibles, y aun así conservó una actitud positiva, y optimista, y alegre, sin importarle cuánto la enfermedad avanzara; una de las tantas cosas por las que recordaremos a Elizabeth es por su alegría y su determinación. Ella irradiaba una dignidad y una gracia que hacían que uno se sintiera feliz y muy a gusto al estar con ella, al compartir su sola presencia.

NO, nadie puede dudar de que Elizabeth es una *heroína*. Pero hay mucho más. Además de ser una esposa amorosa, una hija adorada, un miembro entrañable de la familia, y amiga de tantas personas que se encuentran hoy aquí, también era *madre*. Cheryl y yo lo sabemos porque supimos permanentemente cuánto de su vida giraba alrededor de sus hijos.

En muchas formas, la palabra *madre* es sinónimo de *maestra*. Los padres enseñan a sus hijos, todo el tiempo, todos los días. En su mayoría las lecciones se imparten en dosis pequeñas, pero una vez cada tanto son *grandes* las dosis de enseñanza. Los padres procuran y les enseñan a sus hijos lecciones de vida... cómo vivirla, cómo asumir responsabilidades, cómo disfrutar. A menudo estas lecciones se dan a través de la palabra, sin embargo, a veces se pueden enseñar con el ejemplo.

Vanessa, Ale, Julio, vuestra mami eligió utilizar estos últimos años para enseñarles lecciones sobre las que seguirán reflexionando y cuyo significado continuarán descubriendo a lo largo de vuestras vidas.

No es que simplemente les habló acerca de la *determinación*, sino que les mostró de qué se trataba. No hizo grandes discursos sobre la gracia o la dignidad; ella simplemente las practicaba. Vuestra madre les mostró cómo, y, al hacerlo, sin querer nos enseñó a todos nosotros cómo vivir una hermosa vida. Más allá de esta desdicha, ella fue la artífice para que los tres fuesen bendecidos con lecciones de vida que los acompañarán siempre. Vuestra mami no es simplemente una *heroína*... ella fue hasta el último momento una maestra extraordinaria.

A su querido esposo, Julio, que sabe cuán hermosa era Elizabeth tanto interior como exteriormente: A medida que fuiste haciendo malabares con las responsabilidades familiares, tus obligaciones laborales, la rutina de un día a día sin rutina, a nosotros, tus vecinos, nos quedó absolutamente clara una cosa: frente a tamaña y tan inimaginable situación, algunas familias simplemente se desarman por completo. La tuya hizo todo lo contrario. Se fortaleció y se unió de una forma pocas veces vista.

Sin que importase ninguna otra cosa, todos corrieron para ayudar a Elizabeth en su lucha. Su lucha era la cruzada de toda la familia. Un sinnúmero de médicos, incontables tratamientos terapéuticos, ninguna de estas cosas fue un impedimento... *Nada de esto* fue demasiado para *tu familia,* nada demasiado grande. Todos estuvieron allí, en todo momento y para lo que fuera necesario. *¡¡La tuya es una familia extraordinaria!!*

Y, finalmente, a los padres de Elizabeth: Se supone que así no debiera ser. Supuestamente no son los padres quienes deban despedir a sus hijos. Sólo puedo pensar que, durante su corto tiempo aquí, la estrella de Elizabeth destelló de manera mucho más brillante que las demás. Era demasiado joven para dejarnos tan pronto. Y a pesar de ello, tal vez nos haya enseñado a todos nosotros... *Familia, amigos y a los vecinos, lecciones de vida* que serán una *bendición* para todos y cada uno de nosotros.

Quisiera concluir leyendo un poema de Emily Dickinson titulado:

SIEMPRE ESTARÉ A TU LADO

Cuando me haya ido, suéltame, déjame partir.

Tengo tantas cosas para ver y descubrir,

No te aferres a mí con tanto llanto,

Y agradece los buenos años, que fueron tantos.

Te di mi amor, y sólo has adivinado

cuánta felicidad me has brindado.

Te agradezco el amor que me has mostrado,

pero ahora el momento de seguir sola ha llegado.

Llórame un tiempo, si debes llorar

y luego deja a la confianza tomar su lugar.

Es sólo por un tiempo que debemos partir.

Guarda en tu corazón los recuerdos que quieras compartir.

Yo no estaré muy lejos, la vida continúa,

y si me necesitas, tu llamado hará que acuda.

Aunque no puedas verme ni tocarme, estaré aquí

y si escuchas con tu corazón oirás de mí.

Todo mi suave y claro amor en torno a ti.

y entonces, cuando recorras solo este camino,

te esperaré sonriente diciéndote "bienvenido a tu destino".

Ojalá que *Aquel* que trae la paz a los *cielos* traiga ahora esa paz para esta maravillosa familia, y para todos nosotros. Amén.

Nota especial de Julio Ligorría Carballido

Soy el esposo de Elizabeth y escribo estas líneas una semana después de que Mario Antonio Sandoval y Mario Castro me devolvieran el libro de mi recordada y amada Elizabeth, luego de haberlo revisado y editado. Reitero mis agradecimientos a ellos. Hoy es 13 de septiembre de 2009. Espero que nos dé tiempo para tenerlo finalmente impreso para el primer aniversario de su partida, si no, de seguro lo tendremos para el Día de la Madre en el 2010.

Ciertamente, para mí fue un privilegio que Dios me dio, el haber tenido a Elizabeth como compañera, amiga y amante esposa durante más de la mitad de mi vida; compartimos juntos treinta y cinco años, seis de novios y veintinueve de casados.

Como lo hemos repetido en múltiples ocasiones con familiares y amigos, Elizabeth fue un ser que iluminó por donde pasó, tenía una personalidad tan particular que combinaba la humildad con la tolerancia, la dulzura con la sencillez, su belleza física con su fuerza interior.

Fue una maravillosa hija, hermana, amiga, esposa y madre, nadie que la conoció dice lo contrario.

Hoy quiero cumplir con un compromiso que hicimos ella y yo durante el viaje a Fátima. En aquella oportunidad, como ella les relató en el capítulo 8, visitamos a instancias de nuestro anfitrión una aldea llamada Setúbal, cerca de Lisboa, en donde tuvimos un muy particular encuentro con un misionero que oró por la salud de Elizabeth.

Al final de la visita, Elizabeth le preguntó al misionero: "¿Cómo me encuentra de salud?" Y él le respondió: "Vivirás 4 y 4, ve tranquila, todo está y estará bien".

El compromiso con Elizabeth fue que, si algún día averiguábamos qué habría querido decir con 4 y 4, lo contaríamos a todos.

Elizabeth partió sin que hubiéramos logrado descifrar el misterio que nos impuso la visita a Setúbal, ya que lo habíamos sumado, restado, multiplicado, dividido e incluso lo habíamos combinado con letras y el resultado nunca nos daba una clara lectura de su significado.

Unos dos meses después de la partida de mi bella Elizabeth, regresé a Miami luego de haber pasado las Navidades en Guatemala. Era enero del 2009, tenía una cita pendiente con mi dentista y asistí a ella, la cita era a la 1 de la tarde, llegué y la asistente del doctor me indicó que estaban retrasados en el horario y que si podía regresar en una hora. No había almorzado, por lo que me dispuse a ir a un restaurante cercano. Ya en el lugar, me senté solo y luego de ordenar, sin nada que hacer, saqué un papel de mi bolsillo —tengo la costumbre de hacer cuentas en papelitos— para entretenerme, y como si una fuerza ajena a mí me estuviera guiando, escribí de manera vertical, 25.11.08 la fecha que Elizabeth partió, entonces lo sumé y me dio 44 que yo interpreto como 4 y 4 y que al sumarlos me da 8, Elizabeth nació el 8.8.58.

El misterio de Setúbal al menos para mí queda resuelto y cumplo con el deseo del amor de mi vida de contarlo en este librito, como a ella le gustaba llamar a esta maravillosa aportación que nos legó.

No tengo una comprensión lógica del porqué de este mensaje, mas sí tengo claridad de que su explicación es precisa desde la perspectiva de la fe.

Que Dios los bendiga a todos y en especial a quienes compraron este libro para ayudar a la lucha contra el cáncer de seno.

JULIO LIGORRÍA CARBALLIDO
Guatemala, 13 de septiembre de 2009

Protocolo quimioterapéutico

Adriamycin 60mg/m^2 + Ciclofosfamida 600 mg/m^2 IV cada 3 semanas x 4 ciclos suministrados desde 6/02 al 8/02 (Dr. Noy).

Docetaxel 30 mg/m^2 IV semanalmente x 12 dosis suministradas del 9/02 al 12/02 (Dr. Noy).

Ácido zoledrónico 4 mg IV continuado en el tiempo.

Letrozole 2.5 mg oral, diariamente desde el 22/01/03 al 02/05/03. La paciente estaba respondiendo a la droga aunque tuvo severos dolores de las articulaciones (artralgias) y fue discontinuado.

Anastrozole 1 mg oral diariamente desde el 02/05/03 al 17/12/03 hasta la progresión de la enfermedad hacia los huesos.

Fulvestrant 250 mg intramuscular, todos los meses desde el 17/12/03 al 11/02/04 hasta la progresión de la enfermedad hacia los huesos.

Exemestane 25 mg oral, diariamente desde el 16/03/04 hasta el 09/08/04 hasta la progresión de la enfermedad hacia los huesos.

Tamoxifen 20 mg oral diariamente desde el 24/08/04 hasta el 10/06/05, hasta la progresión de la enfermedad hacia los huesos y la nueva afección en el hígado.

Capecitabine 1 000 mg oral dos veces al día, durante dos semanas y una semana de descanso + Bevacizumab 10 mg/kg IV semana por medio, desde el 10/06/05 hasta el 16/12/05. La paciente desarrolló hipertensión con Bevacizumab y el mismo fue discontinuado. Sus marcadores tumorales ascendieron sugiriendo el empeoramiento de la enfermedad, pero no quiso que se le hiciera un escaneo en ese momento.

Desde diciembre del 2005 hasta marzo del 2007 no recibió ninguna de las terapias convencionales con excepción de Zometa 4 mg IV cada 1-2 meses. Probó con múltiples medicamentos complementarios y alternativos, intervenciones nutricionales y clases de danza.

Doxorrubicina Liposomal 40 mg/m^2 IV una vez al mes desde el 22/03/07 al 21/06/07 hasta la progresión de la enfermedad en huesos e hígado.

Paclitaxel formulación de nanopartículas de albúmina estabilizada 80 mg/m^2 IV semanalmente durante tres semanas y una semana libre desde el 20/08/07 al 03/04/08. Tuvo una buena respuesta pero desarrolló una neuropatía severa y tuvo que discontinuar.

Letrozole 2.5 mg oral diariamente desde el 03/04/08 al 10/08/08 hasta que la progresión de la enfermedad llegó a los huesos y al hígado. La paciente desarrolló una ascitis que requería una paracentesis frecuente.

Gemcitabine 800 mg/m^2 IV semanal, aplicándose dos semanas sí, y una semana de descanso, y Carboplatin AUC 2 con el mismo cronograma, suministrándosele una dosis el 22/08/08. Los análisis del hígado de la paciente arrojaron una función hepática muy anormal motivo por el cual el tratamiento fue discontinuado.

Paclitaxel formulación de nanopartículas de albúmina estabilizada 60 mg/m^2 IV semanalmente, una semana sí y otra no, con varias interrupciones debido a internaciones en el hospital y otras complicaciones. La última sesión de quimioterapia tuvo lugar el 14/10.

Evolución de los marcadores tumorales de Elizabeth de Ligorría

Tratamiento suministrado por el Dr. Noy 6/02-12/02

1. Cuatro ciclos de Adriamicina y Ciclofosfamida.
2. Docetaxel semanal.
3. Letrozole (Femara) 2.5 mg diarios luego de finalizada la quimioterapia. Debió interrumpirlo debido a dolores en las articulaciones. Asimismo, experimentó con Anastrozole y Fulvestrant aunque debió suspenderlos debido a la progresión de los efectos colaterales.

Tratamiento suministrado por Memorial Breast Cancer Institute, Dra. Alejandra Pérez

1. Exemestane (Aromasin) 25 mg diarios.
   - 6/14/04 CEA (*Antígeno carcinoembrionario*) 60, CA 15-3 100.
   - ·8/09/04 CEA 69.2, CA 15-3 136 discontinuado.

2. Tamoxifen 20 mg diarios
   - 9/08/04 CEA 97.7, CA 15-3 153.
   - 10/16/04 CEA 137.1, CA 15-3 210.

- 11/01/04 CEA 132.5, CA 15-3 229.
- 12/09/04 CEA 120.4, CA 15-3 201.
- 1/5/05 CEA 141.9, CA 15-3 282.
- 2/3/05 CEA 124.1, CA 15-3 284.
- 3/10/05 CEA 142.4, CA 15-3 294.
- 4/7/05 CEA 171.6, CA 15-3 382.
- 5/17/05 CEA 148.2, CA 15-3 504.

3. Capecitabine (Xeloda) 1000 mg dos veces al día + Bevacizu-mab (Avastin) 10 mg/kg semana por medio.
   - 6/14/05 CEA 189.4, CA 15-3 544.
   - 7/13/05 CEA 170.6, CA 15-3 519.
   - 8/15/05 CEA 157.6, CA 15-3 435.
   - 9/14/05 CEA 166.4, CA 15-3 400.
   - 10/17/05 CEA 155.6, CA 15-3 359.

4. Capecitabine (Xeloda). Bevacizumab (Avastin) discontinuado debido a la hipertensión y a las severas jaquecas provocadas a pesar del tratamiento.
   - 11/21/05 CEA 175.4, CA 15-3 379.
   - 12/5/05 CEA 191.2, CA 15-3 477.

5. Debió discontinuar el tratamiento en enero del 2006 y sólo accedió a recibir ácido zoledrónico (Zometa). Clases de danza.
   - 1/11/06 CEA 166.4, CA 15-3 419.
   - 2/7/06 CEA 204, CA 15-3 454.
   - 3/7/06 CEA 224.2, CA 15-3 480.
   - 4/13/06 CEA 265, CA 15-3 624.
   - 5/16/06 CEA 299.7, CA 15-3 526.
   - 6/14/06 CEA 328.1, CA 15-3 445.
   - 7/13/06 CEA 451.9, CA 15-3 571.
   - 8/8/06 CEA 435.4, CA 15-3 502.

- 9/11/06 CEA 526.4, CA 15-3 715.
- 10/9/06 CEA 591.5, CA 15-3 757.
- 11/13/06 CEA 597.9, CA 15-3 900.
- 12/18/06 CEA 606.3, CA 15-3 1037.
- 1/11/07 CEA 765.4, CA 15-3 1388.
- 2/15/07 CEA 696.8, CA 15-3 1365.

6. Tratamientos alternativos suministrados en México. Febrero del 2007.

7. Doxorrubicina Liposomal (Doxil) 40 mg/m^2 todos los meses.
   - 3/22/07 CEA 842.6, CA 15-3 1757.
   - 4/23/07 CEA 674.1, CA 15-3 1556.
   - 5/17/07 CEA 734.4, CA 15-3 1580.
   - 6/21/07 CEA 683.6, CA 15-3 1556.
   - 7/19/07 CEA 615.7, CA 15-3 1644.

8. Nanopartículas de Paclitaxel unido a albúmina (Abraxane) 80 mg/m^2 semanalmente.
   - 8/16/07 CEA 762.8, CA 15-3 1376.
   - 9/4/07 CEA 590.8, CA 15-3 1000.
   - 10/11/07 CEA 395.7, CA 15-3 783.
   - 11/06/07 CEA 317.5, CA 15-3 529.
   - 12/20/07 CEA 205.9, CA 15-3 345.
   - 1/24/08 CEA 204.6, CA 15-3 329.
   - 2/11/08 CEA 140.2, CA 15-3 289.
   - 3/7/08 CEA 145.5, CA 15-3 275. Discontinuado debido a neuropatía.

9. Letrozole (Femara) 2.5 mg diariamente.
   - 4/3/08 CEA 260, CA 15-3 448.
   - 5/9/08 CEA 370.8, CA 15-3 855.
   - 6/12/08 CEA 525.4, CA 15-3 994.

10. Gemcitabine (Gemzar) 800 mg/m^2 + Carboplatin AUC 2 semanalmente.

    • 8/20/09 CEA 611.1, CA 15-3 1099.

    • Se suministraron pocas dosis debido a empeoramiento de la ascitis y a paracentesis frecuente.

11. Nanopartículas de Paclitaxel unido a albúmina (Abraxane) 60 mg/m^2 semanalmente. Se comenzó nuevamente con el tratamiento aunque se suministraron pocas dosis debido al estatus de bajo rendimiento.

    • 10/08/08 CEA 3000, CA 15-3 2,279.

Se discontinuó la quimioterapia.